內向者的空間爭奪戰

周偉豪 著

內向者的空間爭奪戰
作者／周偉豪
策劃編輯／伍詠慈
美術設計／鄺穎殷
出版發行／突破出版社
香港沙田亞公角山路 33 號突破青年村
電話：2632 0000　傳真：2632 0388
電郵：breakthrough@breakthrough.org.hk
網址：http://www.breakthrough.org.hk
http://www.btproduct.com
承印／陽光（彩美）印刷有限公司
2020 年 12 月初版 1 刷

How to Be Yourself for An Introvert in An Extrovert World
by Chris Chow
First Printing, First Edition, December 2020

Printed in Hong Kong
ISBN 978-988-8562-36-7

本書經文取自《新標點和合本》，版權為香港聖經公會所有，承蒙允准採用，特此鳴謝。

誠邀閣下就突破出版社的書籍發表意見

歡迎加入突破書籍 Facebook page — http://www.facebook.com/btbooks.page

本書採用環保油墨印刷

生　活　與　輔　導

關懷、連繫、復和、

溝通、對話……

凝視心之脈動，

直到重新尋獲自己的心。

目錄

內向者的空間爭奪戰

五

內向者訪問外向者

代序

我對內向這課題感興趣是始於內向的專家 Susan Cain 的 TED Talks。她寫了一本暢銷書，名為：*Quiet: The Power of Introverts in a World That Can't Stop Talking*（中譯：《安靜，就是力量》）。當時的感受是終於有人為我們這些少說話、內向，甚至在社交上有一點點害羞的人發聲，點出我們內心世界，其實是相當活躍和具創意的。

周偉豪先生是我輔導科的學生，我跟他有着相同的 INFJ（MBTI）的性格類型，所以性情相當相近，知道他對寫作有興趣，便邀請他與我合著一本書，如今為他能獨自出版個人的作品而高興。他也勇敢地選了內向這課題。

作為本地的作者，他寫內向這本書的筆觸是相當地道的。夾雜了一些廣東話作副題，是有趣和經過思考的。我作為一個內向者和作家，能體察到作者在寫這課題時，做了不少資料搜集，所以理論的引介是豐富的；他不單向外搜尋，自己內心的探索也是相當深刻的，書中不少內容是他自己面對內向的掙扎和心路歷程。

作者當輔導工作之前，是一名執業的建築師，他不單對物理空間有專業的知識，也對心靈空間猶其重視，在內向者的空間爭奪戰篇章中，引用了他自己對靜觀、攝影、藝術、心理學和靈修學的體驗，可說是共冶一爐。有指引和習作，幫助我們保護這內向者的寶貴的心靈空間。其實一個內向者對社會的貢獻，就是透過他的獨處、安靜、心靈的探索和追尋，將內裏的寶藏發掘出來，然後透過不同的媒介與人分享。作者以文字來分享是相當稱職的。他也正視內向者在社交上的困難和挑戰，並給予一些出路。

作者在書末也作出一個有趣的嘗試，就是訪問了他身邊的外向者，給他的評價和提醒，讀起來趣味盎然。

誠意向讀者推薦。你若是內向者，你會有不少會心的微笑，你若是一位外向者，你要為身邊有這些與你不同的「對手」而感恩，你若有一些耐性，必然從他們身上有所得。

區祥江教授

中國神學研究院

17/11/2020

一

內向者的心路歷程：

你睇我唔到 VS 被看見的渴望

內向的童年：年年考第一，但係……我講唔到

我是一名內向者

在香港成長的我，面對人多車多，居住環境擠逼的生活，加上香港人「快靚正」的處事模式，令我常常感到格格不入。我曾經希望自己能變得外向，辦事起勁有活力，可以輕易跟別人（甚至陌生人）攀談，參與不同的羣體，甚至去澳洲試一試「笨豬跳」，讓我的一生過得多姿多彩，沒有白活。可是當我從社會的噪音安靜下來的時候，我內心渴想的卻只是坐在舒適的沙發椅看看書，聽聽歌，看看窗外遼闊的天空和青翠的草地，寫一篇日記，再畫一些畫，下午到河邊散步想事情，間中跟相熟的朋友傾心事……可是，這想法往往令我感到內疚。內心泛起一種自我批判：別再一事無成了！外向一點，主動一點，不要再停留在安舒區了！

為了保有珍貴的個人空間（有時甚至是生存的空間），內向者盼望活在「你睇我唔到」的世界；另一方面，卻渴望可以將內心深處豐富和真摯的感受和想法跟別人分享，有一個被看見的空間。筆者在這兩個空間的爭奪之中，一晃眼就是三十多年。以下是我這段時間的心路歷程，以片段形式與你們分享，盼望讀者能從中找到共鳴和鼓勵。且讓我們展開這趟沒有刀光劍影，卻又異常激烈的內向者空間爭奪戰吧！

記得升小學前，我是一名「多嘴仔」，時常因為在上課時與同學談話而被老師責罰。除了被罰企之外，老師曾用膠紙在我的嘴唇封了個大交叉，夾雜着塑膠的氣味，我繼續向同學們示範「我仲講到嘢」的絕技。

但當我升上小學，一切變得不一樣了，在學校我開始變得沉默寡言 —— 即使腦袋充滿不同的想法和念頭，但我選擇把它們放在心裏。從小一至中三，除了一次例外，我都是全班學業成績的第一名。由於學科評核都是以書寫形式，對於我這個擅長以文字表達，喜愛學習又盡責的學生，沒有太大難度。可是每次看着成績表的卓越成績，只能給我片刻的喜樂。有時我反而羨慕其他同學，雖然成績普通，但臉上總散發着無憂無慮的神情，放學後就大夥兒去玩，做一些傻事，說一些無聊話。

媽媽常喚我作「憂鬱小生」。除了從小喜歡思考人生問題，與同學們格格不入的感覺，也讓我懷疑自己是否有問題。有一次在課堂上舉行小組討論，大家就主題滔滔不絕，在七嘴八舌之中，光是聽着他們的分享，我感到很舒服自在。突然間，其中一名同學問我的看法，那一刻頭腦一片空白，腦海中雖然浮現很多想法，但就是說不出來。眾人靜了下來等待我的回應，我只感到面紅耳赤，最後只是結結巴巴的重複了一些同學們之前提出過的觀點。自此之後我很怕小組討論，更怕被人邀請發表己見，時常低着頭，或裝着沉思的樣子，希望避過這難堪的處境。

慢慢慢，轉數慢……

另一個令我感到糾結的，就是每次討論完畢後，當我靜下來仔細回想，透過文字整理，往往發現自己有很多滿有洞見和深刻的點子。我懷疑自己腦筋就是比其他人遲緩，多年累積這令人洩氣的經驗後，漸漸相信了這個想法，變得愈來愈自卑。由於是高材生，沉默寡言和裝高深莫測的外表，成為我的保護罩，免於接觸到這內心的痛處，但內心仍是對這改變不了的情況耿耿於懷。

卡拉（唔）OK：唯一的不願被看見

久而久之，我也在羣體中變得被動和隱藏，在同學們之間除了有阿 Sir（老師的稱呼）的綽號，絕大部分人都不會接觸到我的內心；但心裏卻時常渴想可以跟別人分享我的所思所想所感。

中三那一年，我和同學到觀塘裕民坊唱卡拉 OK。全程我只是默默的聽着同學們雀躍地選歌和傾談，在嘈雜的音樂當中，看着這些熟悉又陌生的面孔，感到加倍孤單，甚至為今天所作的選擇懊悔。好不容易到了結單的時間，我們發現人數超出房間可容納的人數，為了省錢，同學們想出了詭計 —— 請其中一位同學先悄悄離開，而那位同學必需是「毫不起眼」的。在大家都盛裝出席的場合裏，我的啡色 T-shirt 和牛仔褲，配上大大的金絲框眼鏡（當時仍未成為潮流款式），頭髮及眉梢的憂鬱眼神，縱然當時是低着頭，我也感到大家的目光都放在我身上了。過了這麼多年，多年來渴望被看見的時刻到了，同時也是我唯一一次打從心底裏不願被看見的矛盾時刻。我裝出俏皮的笑容步出房間，走到熙來攘往的街頭，內心感到無比刺痛。

內向的大學生：司機有落……唔該……

我從小就很怕坐小巴。除了在車程中不斷被嘈雜的收音機廣播和乘客大聲談話的轟炸之下，感到非常煩躁和疲累，令我最困惱的是將要到站時的一句「司機有落」。有一次將要抵達目的地時，我的心已怦怦跳，呼吸也急促起來。我努力作幾下深呼吸，嘗試以最大聲量喊出這一句，無奈天生聲線柔弱，有時加上路面上突如其來的響按聲，直把我「聲嘶力竭」的喊叫聲淹沒了。粗獷的司機大叔聽不到，真至我喊了幾聲，再加上雙手的激烈揮舞，司機才會意，但目的地已過了。換來的是「大聲啲嘛！唔好遲啲講！」的責備，我漲紅了臉，好像犯了什麼過錯似的，往車門口落荒而逃……下了車後，我感到很委屈，也感到憤怒，除了是司機的粗魯回應，更多的是對自己的不滿，耳中迴盪着的是前一個站下車的男乘客那一句輕描淡寫，卻是深厚有力的「有落」。

早晨，你好嗎？

回到學校碰到同系的同學，她是外向開朗，面容充滿陽光氣色的女孩子。她遠遠見到我就叫我：「喂，早晨呀！你好嗎？」面對心儀女生的親切問候，我說了一聲「早晨」之後就不知如何回應了。我不想說些膚淺的門面回應，不如跟她分享剛剛在小巴發生的事？好像太負面……那麼不如講一下昨天聽詩歌朗誦會的得着？掙扎了一輪，我見到女孩的面容由燦爛的笑容轉變為疑惑，甚至有點不耐煩，我開始發覺我可能想多了……還是把快到嘴邊的話吞回肚裏好了。

話劇 casting...away

途經飯堂的壁報板，看見板上張貼了劇社招募演員的宣傳。Casting 將安排在當晚七時三十分。這段時間心裏有兩把聲音的角力，「去試吓啦，係一個好好的新經驗呀！你唔係想開朗外向啲嗎？呢個係好好嘅機會，去啦！」「算把啦，連司機都聽唔到你叫落車，點叫觀眾聽到你講嘅台詞呀？唔好獻醜啦……」雖然後一把聲音是如此有力和肯定，但不知當時什麼力量，我竟然當晚準時到了面試現場。

在多次差點做逃兵的衝擊之下，好不容易捱到工作人員喚我的名字。進了面試的小房間，我站在導演、編劇和音樂總監面前，感覺內裏一切也被恐懼掏空了。「請用音量一至十演繹同一句說話。」導演首先作出邀請。我勉強站直身體，從音量一開始說出「好鬱悶啊！」……原來我只能去到五。我像一個呆子站在考官面前不知所措，我望着地板，好像站了一個世紀。其餘的題目都忘記了，音樂總監是我認識的，他托一下眼鏡，帶着抱歉的眼神說：「謝謝你，現在可以離開了，有取錄的消息我們會再通知你。」

在回宿舍的路途，每一步夾雜着哀傷和憤怒。心裏第二把聲音洋洋得意：「自取其辱！」「一早都叫左你喋啦……」我低着頭，看着街燈投射在地上搖搖欲墜的倒影，「難道我如何努力都不能擺脫這內向害羞的孤島嗎？」此刻我彷彿已得到了答案。

當內向人進入職場，保護罩失效時……

進入社會工作講求溝通和合作，過往在學校故作沉思的保護罩不再適用。每一次開會都是難熬的經驗，同事們連珠炮式的發言和閃電式的一來一往，令我招架不住，我只好低頭努力寫下重點，以及祈禱會議快點結束。就算間中與同事們吃午飯，我也是較被動發言的一位。雖然我喜歡聽同事分享，但有時情願獨個兒安靜一下吃飯更好，但又擔心給人孤僻的印象，往往硬着頭皮應約，之後拖着疲乏的軀體繼續下午的工作。

茶水間的稀客

我會仔細安排工作項目的優次，然後全心全意栽進去，但辦公室的干擾令人十分沮喪，桌上的電話時常響起，同事會隨時走來問問題，上司突然的召見……令我手上的工作不斷被打岔。我坐在茶水間附近，有些同事總愛在裏面說別人的閒言閒語，令我倍感不耐煩。也許他們都從我的面色知道我的不滿，當我走進茶水間斟水，氣氛都會突然沉靜，有時我都會因感到被排擠而有點難受。從此，我漸漸明白茶水間原來是同事們交換情報的地方，我這位稀客因此失去了收風的機會，跟同事的默契就更不理想，並且變得後知後覺。

地盤開會：衝突避避避

要數最討厭的工作環節，一定是地盤的工作會議。第一次到地盤開會，房間是一個剛用混凝土劃分的空間，除了滿地灰塵和污水窪，出席會議的工人，嘴上都叼着煙，在室內吞雲吐霧，空氣污濁得令人快窒息了，四周的鑽鑿聲此起彼落，嘈吵得令人只想往外逃跑。會議在加插了粗言穢語的對話中開始，發展商在工程進行期間不斷大幅要求更改設計，當時討論工程進度阻滯的問題，我是負責的建築師，夾在地盤承建商和發展商中間成為磨心。當時我沒有刻意澄清，只想儘快修改建築圖讓工程不要受阻礙，後來發現是發展商的內部政治角力，設計更改沒完沒了，當時我仍天真地希望能完成任務，但情況每況愈下，愈演愈烈，最後我變成每次開會其中一個眾矢之的，開會期間不斷受到其他人士的語言暴力……這樣的情況捱了一年，眼見身邊被波及的人士都相繼辭職，我也因為長期失眠、心悸、皮膚敏感等抑鬱和焦慮情緒所引發的身心反應困擾下請辭了。

離職後幾個月，我大部分時間躲在家，時常回想過往一年的工作經歷，自責的聲音不斷浮現，問自己為什麼不能把問題妥善解決？是我未夠努力嗎？還是我比別人差，未達工作要求的水平？另一方面又惱恨自己為什麼當時不把因由解釋清楚，選擇把整隻死貓吞下去呢？

之後我報讀了神學院的心理輔導課程，再次當全職學生。在這三年的學習和療傷時間，要發現和接納自己的本相是一個煎熬的階段，但唯有這樣，我才能真正漸漸從這個充滿疑惑，惱恨和自責的黑暗洞穴中走出來，並找到自己新的定位。

受盡挫敗的內向性格：一點亮光，畫出我所想！

在神學院學習，有更多小組分享和學習機會（啊！又是小組討論！），其中一次開組經驗令我印象深刻。負責同學準備了顏色筆和畫紙，邀請我們把自己的感覺以線條、形狀和顏色呈現出來。在柔和的背景音樂之下，我很自然地就畫起來，在過程中我很享受，望着完成的作品感到前所未有的滿足，好像平時寫日記般，把那一份情感抒發出來的舒暢，並補足了文字難以捕捉的一些微妙之處。我向同學們分享作品中的直線曲線，不同的形狀和位置，彼此的關係，不知不覺地同時分享了自己的想法和情感，甚至一些價值觀……這是我在小組中很罕有的暢所欲言，把自己心靈的複雜和豐富向同學分享，是讓我的內心被看見的美妙經歷。這也給了我盼望，除了文字，還有其他藝術形式可以幫助我打開心窗，與人連結。我也因此對表達藝術治療產生了興趣，後來更有機會在這方面進修。

綽號：估你唔到……

學院有午會的時間，同學要輪流上台報告學生會的活動。每次報告都像例行公事，頗沉悶的。終於有一次輪到我，雖然很害怕在百多人面前說話，但我認為這是一個成長突破的好機會，就好好準備吧。我早幾天已在寫「講稿」，相比起其他同學在台上自然爆肚，我的準備工夫是匪夷所思的。從問候語開始，我用心地寫，想像台下聽眾的反應，又加插一些俏皮的笑話，一些在考試週要說的鼓勵話。當天站在台上以微笑掩蓋心底快要跳出來的緊張感覺，好不容易才把這「演講」完成。散會的時候，有一位同學走來說：「估唔到原來你係冷面笑匠嗝！」那一刻我回想剛才的經歷，看到聽眾的笑臉和笑聲，原來我都可以上台分享自己的幽默感，有朝一日，或者可以在台上演出「棟篤笑」?!

好寫得，又好講得？

記得有一科的評核方式，分為分析文章和小組討論兩部分。老師在最後一堂作總結，她說天父創造人的特質是很公平的，例如在同一位同學的口試表現，跟他的文章好像判若兩人，她的結論是，有些同學「好寫得，但講嘢唔得」。我看着老師給我的評分，想起中學時中文老師在班中朗讀我的文章：我的志願是做一位作家。心中既感欣慰，又唏噓，可以兩者兼得嗎？

悠然自得的輔導科老師

當初當建築師，希望以美感回饋社會，但現實是大多時候需要與金錢和時間競賽，也周旋在政治角力中。反而在工餘時間讀心理學書籍，令我感到趣味盎然。在回顧人生故事時，我發現原來從小學開始，同學們很自然就會找我傾談，從升中建議、感情困擾到患病而對死亡的焦慮等都跟我談。當時不知道什麼是心理輔導，但回想當時的耐心聆聽和回應，對方重現希望和笑容，確實令我很有滿足感，也覺得十分有意義。

二年級的時候，剛好輔導科老師區祥江博士正撰寫一本有關職涯規劃的書《不想上錯班》，他得知我的轉行故事後，邀請我作書中的真人個案分析。其中一個是 MBTI 16 型性格測驗，我的結果是 INFJ（第一個 I 代表 introvert 內向），最合適的工作是輔導員，這給我很大的肯定，讓我更有決心投身輔導行業。傾談中，我發現原來老師也是 INFJ，每次跟他談話都感受到他的悠然自得，說話柔和給人很安全舒服的感覺，簡單的一個回應往往給我很多洞見和改變的動力。看着這位自在又自信的老師，心裏想，或許我都能以他為榜樣啊！

重新發現內向的價值：釋懷——係不同！唔係不濟！

重回學院進修，讓我有空間整理三十年來作為內向人士的經歷，老師和同學的回饋令我對自己過往的看法起了轉變。當時按學院要求，每位輔導科學生在輔導實習期間，同時需要接受三十小時的個人輔導，以處理個人的成長問題。當時輔導員為我安排了更詳細的 MBTI（step-2）測驗，令我對這個性格評估工具有更多的認識。

我是內向人

Myers-Briggs Type Indicator（MBTI）將人類性格分為四個兩極的向度，設計源於二十世紀初心理分析學者容格（C. Jung）的研究。其中外向與內向屬於性格的其中一個向度，而我們都在這兩極之間（continuum）。嚴格來說，我們沒有一個是絕對內向或外向的，而是比較趨向某一端。容格認為內向跟外向的基本分別在於兩者獲得精力的形式不同：形象化一點，即「叉電」方式的不同。外向的人如果覺得疲乏，他們會選擇從外在環境尋求力量，例如去派對跟朋友聊天吃飯，或一大夥到遊樂場玩機動遊戲；相反，內向的人，他們會選擇自己一個人看看書，到河邊散步來恢復精力。

最令我深刻的，是容格提出內向或外向的性格基本上是與生俱來的，也沒有好壞之分，就好像有人天生慣用右手，有人天生慣用左手；如果強迫自己轉用另一隻手寫字，換來是花很長時間，歪歪斜斜的字，疼痛的手和沮喪的心情。當然我們可以透過後天的學習變得外向一些，但先天本性（nature）是不會有戲劇化的改變的。根據測驗結果，我的內向性格傾向屬於中等，當中再仔細分為五個構成元素，稱為子維度（facet）。以下是我的測試結果，與大家分享，同時簡單解釋當中引起別人誤解的原因（具體內容將在下一章詳述）。

1. 接收（Receiving）

由於傾向將能量引導向內在世界的經驗和想法，內向人士就好像裝上了強大而敏銳的接收器，比外向人士接收更多外界來的資訊，這些刺激需要經處理，有時會令大腦不勝負荷。為了保存能量，內向人士在人際互動中會傾向保留（controlled）和低調（low-key），在交新朋友時也會偏向被動，往往是被引見（being introduced）的一位。因此在外向人士為主導的社會（外向對內向比例大概是 3：1），內向人士往往被誤解為被動、害羞、不善社交甚至孤僻。

2. 內斂（Contained）

內向人士有超乎外表可見的豐富內在情感和想法，由於有太多的內部處理，有時連自己也未必完全搞清楚，更別說能向別人作深刻分享了。就算曾經嘗試向別人分享，大多得不到理想的回應和了解而感到非常失望；久而久之也接受了「無人明白我」或者「沒有人會對我有興趣」的消極想法。除非遇到一位非常有耐性又善解人意的朋友，讓他們敞開心扉，否則內向人寧願選擇把心事放在心裏，給人一種克制，難以被了解（harder to know），偏向獨立（private）的印象。

3. 親切（Intimate）

內向人並非性格孤僻，只是寧願跟一個或幾位相熟的朋友分享，內容都是較深刻和認真的。筆者最喜歡約朋友一對一聊天，深入的交往令人感到很有親密感。另外，內向人對於時常以閒談作社交連繫的情況反感，除了是浪費時間，也會花掉他們很多的精力。因此，內向人士尋求以個體對個體的親密交往模式（seek intimacy on individual basis）。

4. 內省（Reflective）

由於接收太多的外界資訊會令內向人不勝負荷，他們會有意無意間選擇扮演旁觀者（onlooker）的角色，以增加一點心理距離，保留空間思考（prefer space）；另一方面，內向人喜歡透過閱讀書面材料以及寫作，整理所接收的資訊。同樣道理，寫與讀比口頭陳述有更多的時間讓內向者反復思考。由於外向者和內向者的大腦運作不同（詳細內容將在下一章詳述）而引致思考的速度和深度的差異，但後者往往被忽略，內向人士常常給人「比人慢幾拍」的負面感覺。

5. 沉靜（Quiet）

內向人士給人一種沉靜（calm）的感覺。人際互動中有時會出現的嘈吵情況，會令他們吃不消，偏向選擇較安靜的環境和朋友待在一起。在羣體中往往被忽視的內向人士，很多時都扮演幕後默默耕耘的貢獻者（seek background）。獨處（solitude）對內向人是必不可少的，因為這是他們「叉電」的最有效方法。電量充足的內向人士更能在忙亂的羣體中起了重要的鎮定作用。

內向人士的五個子維度（facet）令我感到欣慰。Facet 意思是將鑽石繁多的切割面，折射出耀眼多變的光芒，比喻人類性格的多元化。讓我們每一位內向人士都能把握手中這顆獨一無二的尊貴鑽石，向自己說：「係不同！唔係不濟！」（“I'm Different, not Inferior!”）

內向人都可以發光：在台上我重覓理想

在學院三年期間，雖然功課和實習非常繁重，但師長和同學們還是比較接納和包容的。我也在這幾年學習對自己寬容一些，甚至開始欣賞自己的特質。當畢業禮主持人宣佈我獲得輔導科成績優異獎時，那種被看見（同學們詫異的眼神彷彿說着：「估你唔到喎！」）和被肯定的經驗，在以後的日子不斷鼓勵我向前走。除了培養和發揮自己的內向特質，我也努力改善一些因內向而有的負面質素（例如較被動和容易失去信心等），有較好的自我形象就能更有效的輔導有需要人士。

畢業後我在一所教會的輔導組任職，當輔導員和團契的導師。在四年半的全職工作經驗裏，我愈來愈了解自己內向的性格在哪些地方是如魚得水，哪些地方是舉步維艱。以下三個範疇是我感到能發揮自我，為別人帶來正面影響的平台：

1. 輔導：進入心靈深處的同行者

我享受輔導過程中一對一的面談時間，受助者把內心深處的困難、痛苦、疑惑和掙扎對；我分享，透過專注的深度聆聽，同理回應和陪伴，受助者情緒得到舒緩，對自己有更深的認識和接納，給他們勇氣面對前面的人生挑戰。作為輔導員，受助者的人生經驗同時也豐富了我的人生經歷，讓我能更有效地幫助其他人。藉輔導的經驗了解到語言表達複雜心靈的限制，我在入職一年後進修表達藝術治療碩士課程，盼望能成為更佳的心靈陪伴者，陪受助人士透過藝術創作一起探索心靈深處的生命課題。

2. 教育：講台上的朝氣勃勃

過去四年多接受教會不同羣體的邀請，為青少年至長者設計並帶領心理普及教育的講座和工作坊。從當初戰戰兢兢地站在台上，像讀稿一般的分享，到後來能夠以輕鬆幽默的方法連繫台下的聽眾，並將心理學的實用知識深入淺出地介紹給他們，為着有這鍛煉的機會我非常感恩。能夠將所學的跟別人分享，那種滿足感是令人振奮的，每次順利完成後我都很回味跟聽眾的互動，感到精力充沛，現在我更期待每次演講的機會呢！

3. 寫作：我的志願

中學時作文，我的志願是做作家。想不到這個放下多年的心願，竟然在 2015 年成真了！當時有幸參與區祥江博士的寫作計劃，在《改寫未來的 9 種生存力》一書撰寫其中三章，更在同年獲得香港金閱獎，給我極大的鼓舞。2016 年探討友誼的《無朋友》（合著）在誠品書店出售，後來收到朋友從法蘭克福的電子書展見到電子書的照片，以及在馬來西亞出版的簡體版，我發現原來還有很多人渴求文字滋養心靈。從此寫作成了我另一個持續耕耘的領域，透過文字與其他人連繫。

如果你也一樣內向

筆者選擇向大家分享那麼多「瘀嘢」，目的是希望當中的某些片段和掙扎，能為讀者帶來共鳴。「啊！原來作者都有類似的經歷啊！原來也沒什麼大不了的！」這種被明白、被接納、被正常化（normalize）的經驗，從心理輔導的角度看，是開啟受助者生命轉化的第一步。

轉化的目的不是要徹底令自己改頭換面，扭曲自己（就像筆者以上分享的慘痛經驗），而是好好認識內向的特質，從明白、接納甚至擁抱它們，以至可以蛻變成更好的你，一個有血有肉，活得自在的真我。

「……喪掉生命的，必得着生命」（〈馬太福音〉16：25下），我們需要體驗成長的弔詭，當我們開始放下（let go）對完美生命的執著和妄求，一個更踏實，更廣闊，更完整的真正生命才會到來。

過往不願被看見但又想被看見的矛盾心情，我在《用安靜改變世界》（*Quiet Influence: The Introvert's Guide to Making a Difference*）一書找到另一個詮釋的角度。作者凱威樂（J. B. Kahnweiler）指出，內向者改變世界的最大本錢，來自他們安靜和沉穩的龐大力量，而內向者需要先得到足夠的安靜空間，才能擴展對環境和別人帶來正面影響的空間。在第三章，筆者會嘗試透過自身經驗的實踐，跟讀者們分享如何在香港這困逼之地展開這場內向者的空間爭奪戰。接下來讓我們先深入了解有關內向性格的特質吧。

二

你真的是內向者嗎？

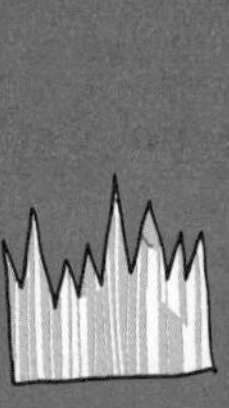

兩種「叉電」方式

一般人對內向性格都有過於籠統和片面的看法，但隨着近年不斷累積的研究結果顯示，內向性格比我們想像中複雜得多。有見及此，筆者整理了多個有關內向性格的研究，嘗試勾畫出較為立體和全面的內向性格特質，讓讀者可以為自己的性格作較清晰的定位。

上文提到外向和內向最主要的分別，在於兩者獲得精力的形式不同，即「叉電」的方式不同。外向的人透過與外界環境互動獲得力量，而內向人士則傾向通過獨處，在個人內心世界支取能量。以下是內向者和外向者一些具體的分別：

外向者	**內向者**
喜愛與外在環境互動	喜愛獨處內省，着重內心世界
喜愛表達	喜愛聆聽
較喜愛以電話溝通	較喜愛以文字或電郵溝通
談話速度較快	談話速度較慢
談話數量較多	談話數量較少
談話內容較外在 （例如：日常資訊、簡單的表面情緒）	談話內容偏向深刻 （例如：對人與事的反省、較深入的感受）
對別人的反應較不在意	別人的回饋會放在心裏

根據粗略統計，世界上每四個人有三個是外向者，一個是內向者。從人口的比例以及兩者的分別，不難明白為何外向者會有較多朋友。雖然容格的性格理論認為，外向與內向沒有好壞之分，但在這個以外向者為主流的社會，內向者往往被誤解為不善交際、害羞，甚至是能力較低的一羣。

測試你的內向程度

根據前文，相信讀者們大致上都了解自己的性格是否傾向內向。為了更具體地認識自己的特質，筆者採用了希薇亞・洛肯（Sylvia Lohken）在《內向者的優勢》（*Leise Menschen – starke Wirkung. Wie Sie Präsenz zeigen und Gehör finden*）一書中有關內向性格的測試。請按着自己的本性（nature）回答以下三十五條問題，避免從「我應該」或「我希望」的角度作答。現在就花大概十五分鐘開始這簡單的測試吧。

內向者小測驗

1. 談話時，如果別人需要過久才回應，我會容易不耐煩。
2. 我喜歡單獨與人交談過於同時與多人交談。
3. 當我把自己的想法透露給他人時，我會更容易明白自己的想法。
4. 我喜歡我的四周都整齊清潔。

5. 我喜歡迅速地採取行動，而非再三斟酌考慮。

6. 當我精疲力竭時，我只想回家休息。

7. 面對說話速度快的人，容易讓我感到疲憊。

8. 我有屬於自己非常獨特的品味。

9. 倘若可以，我會避開大量的人羣。

10. 即使是與陌生人閒聊，我多半也會覺得輕鬆。

11. 處在人羣中過久，我會感到疲憊甚至不愉快。

12. 當我說話時，他人多半會好好地聆聽。

13. 當有人長時間在家裏作客，我會期待他們可以幫忙做點事。

14. 在進行某個計劃時，我寧可安排數個較短的段落，也不想長時間一氣呵成。

15. 有時過多或過吵的談話後我會極度筋疲力竭。

16. 我不需要很多朋友，因此我很看重真實、可靠的友誼。

17. 我不太會去想別人都在做什麼。

18. 我認為睡眠充足很重要。

19. 新的場所與環境會讓我覺得興奮。

20. 突如其來的干擾與出乎意料的狀況會讓我覺得很累。

21. 我相信，人們會認為我很文靜、無聊、難以親近或害羞。

22. 我喜歡觀察而且會注意細節。

23. 相較於書寫，我更喜歡交談。

24. 在做決定之前，我多半會先充分了解事情的來龍去脈。

25. 對於緊張的人際關係，我往往要很久之後才會覺察。

26. 我具有敏銳的審美能力。

27. 有時我會找理由不去參加某個慶祝活動或某個社交場合。

28. 我很容易相信別人。

29. 我喜歡思考並對事物抽絲剝繭。

30. 我會盡可能避免在眾多人面前發言。

31. 傾聽不是我的長處。

32. 有時他人的期待會給我很大的壓力。

33. 我多半帶着運動家風度看待對我個人的言語攻擊。

34. 我很容易感到無聊。

35. 若有特別的事情要慶祝，最好能大規模地舉辦，例如一場真正的慶典或是許多人參與的饗宴。

內向陳述	2,6,7,9,11,15,16,20,21,22,24,27,29,30,32
外向陳述	1,3,5,10,12,14,17,19,23,25,28,31,33,34,35
其他	(4,8,13,18,26) 與內外向無關。

計分方法

- 內向陳述比外向陳述多出三項以上：內向者 (introvert)
- 內向陳述和外向陳述相差不過兩項：中庸者 (ambivert)(性格介乎外向和內向之間，會在稍後詳述)
- 外向陳述比內向陳述多出三項以上：外向者 (extrovert)

(節選自《內向者的優勢》頁 50-53)

無論你屬於哪一類別，冀望本書下文的內容能幫助你了解自己或身邊人的內向特質，在面對自己或在人際互動時能有較好的定位。

MBTI 16型人格測驗

由於人類性格的複雜性，如果讀者想更深入了解自己性格的特質，筆者建議使用 MBTI 16 型人格測驗，除了外向跟內向，還有另外三對性格特質，分別為實感 - 直覺；思考 - 情感和判斷 - 認知，以下圖表作簡單介紹：

獲得能量的方式	**外向 Extrovert (E)** 集中外部世界，透過與人交往或做事情來獲得能量。	**內向 Introvert (I)** 專注內心世界，透過仔細考慮資訊，想法和概念獲得能量。
收集和了解資訊的方式	**實感 Sensing (S)** 注意和相信事實並當中的細節。	**直覺 Intuition (N)** 相信人際因素、理論以及未來的可能性。
就所得資訊而作決定或結論的依據	**思考 Thinking (T)** 使用合乎邏輯的客觀分析來作決定。	**情感 Feeling (F)** 以人為中心的價值觀作決定，確保人際關係和諧。
面對世界所作的反應	**判斷 Judging (J)** 有組織有秩序，快速地作出選擇和決定。	**認知 Perceiving (P)** 較靈活和適應性強，傾向用較長時間，以較開放的態度作決定。

讀者可以到以下網站，免費接受測試，你會得知在十六個由四個英文字母組合之中，你屬於哪一個性格型態。網站為每個性格型態都有詳盡的解釋。

https://www.16personalities.com/free-personality-test

內向是天生的嗎？內向是後天的嗎？

內向性格是天生的，還是日後成長環境培養出來的？在外向者為主流的社會裏，內向者對這個先天與後天（nature or nurture）的問題更為關注。研究內向性格的專家蘭妮博士（M. O. Laney）在《內向心理學》（*The Introvert Advantage: How to Thrive in an Extrovert World*）一書中這樣回應：「孩子的內向氣質（temperament）是與生俱來的，但父母的教養也起了相當重要的影響。」換言之，兩個問題的答案都是「是」。

瑞德利（M. Ridley）在《23 對染色體：解讀創生奧秘的生命之書》（*Genome: the Autobiography of a Species in 23 Chapters*）的研究發現，第十一對染色體 D4DR，或稱為「尋求新奇的基因」，對人格的構成起了很大的影響力，因此又稱為「人格染色體」。原來 D4DR 基因會對神經傳導物質（neuro-transmitter）多巴胺（dopamine）產生影響。多巴胺會刺激大腦中的獎賞中心（rewarding center），產生興奮感覺，讓人有「感覺很好，再來一次！」的需求，因此多巴胺對人體的活動和作事動機有重大的影響。研究發現，外向人士的 D4DR 基因較長，對多巴胺的反應較不敏感，因此外向人士會傾向尋求外界人與事的刺激來得着能量，亦即透過與外在環境互動來「叉電」。而內向人士的 D4DR 基因則較短，對多巴胺的反應較敏感，在安靜的時候，內向者已有足夠的多巴胺，外界的刺激會令他們感到吃不消，所以更喜歡內心的思考和比較常規的生活。

另一方面，基因同時影響內向者對處於外界刺激時的容忍程度（set point）。蘭妮博士透過同卵雙胞胎的研究發現，即使在生理上相同的雙生兒，同樣對外界刺激有較高的容忍程度，但如果在成長環境面對較多正面的社交經驗，或家中有融洽的兄弟姊妹關係，孩子對社交的反應會較有彈性（flexible），即動靜皆宜。我認識一位熱愛行山和羣體運動的同工，一直以為他是一個外向人士，但有一次在靜修營碰到他，原來動與靜之間，他會選擇安靜作為休息叉電的最理想方式。相反，如果成長環境缺少正面的社交經驗，容忍程度會較低（lower set point），孩子會傾向埋首內心世界，儘量避免太多社交活動，甚至大多時候選擇獨來獨往。

可以改變的嗎？需要改變的嗎？

性格的構成涉及先天和後天，非常複雜的互動影響，是心理學家仍然繼續探索的研究範疇。筆者希望透過以上資料引伸進一步的問題：內向性格可以改變的嗎？需要改變的嗎？筆者認為答案可以是亦可以否。根據個人經驗和文獻分析，如果內向者期望能徹底改頭換面成為外向者，結果會令人相當沮喪和吃力，甚至自我否定和迷失；但我們亦不應固步自封，把內向性格作為拒絕成長的擋箭牌，要相信自我改善的意志和環境的影響，也可以令內向者在保存真我的同時，能跟主流的外向羣體和世界有更理想的連結，貢獻內向者寶貴而獨特的內在潛能，讓世界變得更豐富亮麗。

參考資料：

· https://introvertdear.com/news/are-you-born-an-introvert-or-do-you-become-one/

· 海蒂 · 蘭妮著，楊秀君譯：《內向心理學》。台北：漫遊者文化，2018。

· 馬特 · 瑞德利著，蔡承志、許優優譯：《23 對染色體：解讀創生奧秘的生命之書》。台北：商周出版，2011。

內向的不同型態

近年對內向性格有更多更深入的心理學研究。心理學家戚克（Jonathan Cheek）的研究團隊，訪問了五百名年齡由十八至七十歲的人士的興趣取向，例如是否喜歡獨處，有沒有發白日夢的習慣等，結果經整理後得出內向人士的四個面向（STAR）：

1. 社交型內向（Social introversion）

這是最常被理解的內向型，社交型內向者傾向與兩三知己傾談，甚至寧願選擇一個人獨處的時間。社交型內向者喜歡在家看書或瀏覽電腦，但這不代表他們害羞，這只是他們感到舒服的生活型態，並非因為面對人羣會焦慮而驅使他們偏向獨處或逃避人羣。

2. 思考型內向（Think introversion）

思考型內向是一個較新的概念。他們未必會對日常人際交往有所保留或抗拒，特點是內省（introspective）、心思細密（thoughtful）和自省（self-reflective）。思考型內向者的內心世界富有想像力和創造力。筆者認為自己也具有這方面的特質，以致大學和之後的進修分別選擇了建築設計和表達藝術治療，工餘時間喜歡寫詩和創作皮革作品，都是創意的出口。當較熟悉的朋友了解到筆者這一面，往往都會如此回應：「喂，真係估你唔到喎！」

3. 焦慮型內向（Anxious introversion）

焦慮型內向者與社交型內向者不同，前者選擇獨處是因處身人羣中感到尷尬，也因十分在意自己的表現（self-conscious）而感到痛苦，對自己的社交技巧缺乏信心。當他們獨個兒的時候，焦慮感卻不會消失。焦慮型內向者有過度反省的傾向，會在心裏反芻思想（ruminate）將會或已經發生的糟糕事情。這類型跟社交焦慮症有相似的地方，下一節會詳述。

4. 保留型內向（Reserved introversion）

保留型內向者偏向在思想和行動上表現克制。他們傾向在說話或行動之前先思考，而這種三思而後行的表現往往令外向者誤解為轉數慢和適應力弱。但當他們全面地了解環境狀況後，行動效率會非常高。在神學院進修時，面對排山倒海的功課，有同學會詫異筆者不慌不忙，只用了五天時間完成一份近萬字的專題論文；但我的準備工夫早在學期初已開始，閱讀文獻、做筆記，尤其在坐車上學、洗澡等空檔時間，筆者都在反復思考，將靈感記下，在全盤掌握了論文的結構、論點和結論後，開始寫作時就順利和有效率多了。

參考資料

· https://www.youtube.com/watch?v=sGeDwZR5BOY

· http://nymag.com/scienceofus/2015/06/apparently-there-are-four-kinds-of-introversion.html

內向與社交焦慮（Social Anxiety）

前文提及社交型內向和焦慮型內向的分別，前者為自己可以自由選擇獨處感到舒服自在，後者則過於在意別人對自己的觀感，而在羣體中感到焦慮，從而避開人羣。讀者可能會有疑問，在社交活動，例如跟陌生人談話、上台演講等處境我都會十分緊張，這有問題嗎？我會否患上了社交焦慮症呢？

社交焦慮症 Social Anxiety Disorder

根據《精神疾病診斷與統計手冊第五版》（*Diagnostic and Statistical Manual Of Mental Disorders Fifth Edition*，簡稱 DSM-5），社交焦慮症有以下幾個病徵：

- 在社交場合之中涉及別人的觀察和評價（scrutiny by others），例如跟陌生人攀談和上台演講等，而感到驚慌（fear）或焦慮（anxiety）；
- 患者會害怕自己的言行和焦慮表現，惹來別人的負面評價，例如羞辱、尷尬、被拒絕或冒犯了他人等；
- 患者會盡力逃避有關的社交場合，或在當中經歷極大的驚慌或焦慮；
- 驚慌或焦慮的強度比實際的威脅大得多；
- 驚慌、焦慮或逃避的徵狀持續達六個月或以上。

簡單來說，社交焦慮症患者面對社交場合會產生不成比例的驚慌或焦慮，並想盡辦法逃避。這些情緒和行為反應，嚴重影響到當事人的學業和工作等範疇。如讀者懷疑自己有以上情況，可以尋求專業的心理輔導作評估和治療。

內向者=怕醜仔？孤僻鬼？

羞恥感（shame）是情緒的一種。根據心理社交發展（Psycho-social development）的研究，孩童因着成人教導的標準（norm），在一歲半時開始留意自己的表現。如果未能達到社會的期望（或父母的認可），就會產生羞恥的感覺。這種因客體的反應而引致的自我覺察（objective self-awareness），鞭策我們自發地做得更好。相比起屬於社會主流的外向者，當內向者察覺自己較被動（如較難打開話匣子）、說話少、反應較慢的時候，就會有種給比下去和被孤立的感覺。

外向者是透過一邊說一邊思考的，但內向者要想清楚才說話，這種溝通的分別往往導致誤會。外向者覺得內向者說話處處有保留不夠真誠，內向者往往會把不理想的情況內化（internalize）成自己的責任（例如覺得自己真的比別人遲鈍），對自己的表現「未如理想」而感到內疚。這些誤會很少有機會說清楚，而內向者都傾向把這些負面經驗放在心裏反復思量，久而久之，別人的一個困惑眼神或追問，都令內向者產生被拒絕的過敏反應，甚至感到被傷害而形成孤僻的性格。

內向者＝成嚿飯？

我也曾因此而感到十分沮喪。有一次，我終於鼓起勇氣詢問教會較熟的朋友對我的看法，他們的回應令我很受鼓舞：「雖然你說話不多，但跟你傾談的時候，我感到很舒服，你會耐心聆聽，而你的回應往往很有洞見，給我很好的提醒。」

從正面來看，被動反映內向者偏向以接收（receptive）為溝通的主要狀態，因此他們大都是耐心的聆聽者。說話少令內向者把更多的注意力放在對方的身體語言，因此他們也是細心的觀察者，兩者令內向者掌握到更全面和深入的溝通資訊。

根據詹森博士（D. Johnson）在《美國精神病學期刊》（*American Journal of Psychiatry*）發表有關性格外向／內向者腦功能的研究報告，指出當內向者處理資訊時，大量血液會流到腦部，包括回憶、問題解決和計劃的區域，路線亦較外向者複雜和深刻。因此，內向者在交談中反應較慢，是因為他們正在深思，把對話內容跟長期記憶區的經驗對照，並從多方面分析和判斷。這需要很多的精力和較長的處理時間，但給予的回應卻較深入和全面。

透過了解外向者和內向者之間的誤解，可以讓內向者去除不必要的內疚和羞愧感；其次，要接納自己性格的限制並作出適度的改善，雖然內向者不能變成外向者，但可以學習和鍛煉得較為外向，同時努力發展內向者的優勢，保有自己的獨特個性，而不用勉強自己變成另一個人。

焦慮型內向的優勢：敏銳的天線

既然羞恥感是人類（特別是內向者）共有的情緒，正面來看是一種自我覺察的能力，在自我管束之下，每個人都有良知監察自己的言行，正如廣東話俗語說：「知唔知個醜字點寫？」

社交焦慮的構成，後天因素佔了相當比重，研究顯示在成長中面對長輩的批評（例如：「你太內向了，應該外向一些嘛！」）或是受過霸凌等創傷經驗的孩子，感到時刻都有人批評自己的不足，因此「學會」（learn）在社交場合要求自己表現得不費吹灰之力的完美（effortless-perfectionism），否則會感到自己就是一敗塗地，一無是處。但這扭曲的想法（distorted thought）使內向者註定永遠無法達成要求，即使有充足準備（這已令他們對自己感到非常不滿），過分緊張往往令表現更不如人意，跌入無法自拔的自我批判的漩渦裏。

筆者喜歡用敏銳的天線來形容面對社交焦慮的內向人士，有時由於接收能力太強，以致過於敏感，在人際互動中過分在意別人的反應，一些別人不為意的細微反應，他們都會認為是自己表現欠佳所致，因此變得神經兮兮，甚至無力反應。筆者會在下文分享在不同社交場合，例如跟人打開話題，上台演講等的應變方法。

因為焦慮而對自己有要求，也有其正向的一面。這些情感敏銳、細膩的內向者格外善解人意，懂人眉頭眼額，觀人於微，只要好好發揮，在學業或不同的工作領域上都會成為寶貴的優勢。至於有焦慮反應的內向者不要氣餒，這情況是可以改變的。在第四章〈內向者的空間爭奪戰〉，筆者會跟大家分享透過「自我寬容空間」而帶來的轉變。各位讀者留意喔！

參考資料

· https://www.quietrev.com/the-4-differences-between-introversion-and-social-anxiety/

高敏感人士與內向者

一九八九年美國心理學家凱根（Jerome Kagan）找來五百名四個月大的新生嬰孩進行實驗，給他們不同的新體驗，例如陌生的味道、色彩繽紛的新玩具和氣球爆破的聲響，結果發現平均五個嬰孩有一個會對環境刺激表現不安，例如焦躁、哭鬧和揮動手腳等，其他四個則保持平靜。凱根團隊接着追蹤這些反應較敏感的孩子，在他們兩歲、四歲、七歲和十一歲時再次測試，發現這些孩子持續地與其他孩子不同；他們顯得比較安靜，沉默，若有所思，予人一種害羞的印象。這些孩子長大後相對嚴肅，安靜和認真。凱根總結研究結果時指出這些高敏感度人士（Highly Sensitive People, HSP）與容格描述的內向型性格呈現高度的相似性（Cain p.139）。

雖然內向人士不一定是高敏感人士，研究高敏感人士的權威艾融博士（E. Aron）指出，呈現高敏感特質的人士有百分之三十同時擁有社交外向的特質，他們喜歡與陌生人交流，活躍於羣體生活，有很多朋友。但從容格對外向型性格的定義，例如容易取得主導權、喜愛冒險、善於抓住機會，以及不加思索就能快速發言等主要特質都是高敏感人士所缺乏的。學者桑德（Ilse Sand）在《高敏感是種天賦 2》，認為高敏感人士擁有極高成分的內向特質，英譯本的書名 *On Being an Introvert or Highly Sensitive Person* 甚至將內向人士等同高敏感人士。因此了解高敏感人士的特質，會豐富內向者對自我的認識。

你是高敏感一族？

以下是桑德在她的著作《高敏感是種天賦》刊載的「高敏感族自我檢測量表」。請嘗試花十分鐘完成這個測驗，看看自己是否屬於高敏感人士。

https://www.suncolor.com.tw/event/books/highlysensitive/quiz.html

得分達六十分或以上，你很可能屬於高敏感人士，得分愈高表示愈敏感，而筆者的得分是一百零一分。（參《高敏感是種天賦》，頁 2-6）

以下是桑德提到高敏感人士的能力特徵，筆者以手提電話兩項重要功能比喻高敏感人士，就像擁有高敏銳接收天線和多核中央處理器的電話。

1. 接收訊息：高敏銳接收天線

   桑德形容高敏感人士是神經纖細敏感的人，可同時吸收多項資訊，並能感受到事情細微的重點（例如能辨識聲音或氣味的細微差別），而接收的內容會直達內心深處。除此以外，這些資訊會引起高敏感人士的豐富想像力和聯想，令大腦的記憶體很快便不敷應用。

筆者曾與另一位高敏感的同學喝下午茶聊天，不知不覺談了近三小時，晚上再去外母家吃飯。回到家後，太太告訴我今晚的反應好像「無哂電」，後來細想當天下午接收的資訊，咖啡的香氣和味道、咖啡店牆上的懷舊海報、同學提到學業的挑戰、心中的願望以至無聊的笑話，還有筆者當時的回應，同學對我的回應的回應……都言猶在耳，難怪當晚會這樣疲倦了。跟性格類近的朋友傾談尚且如此，可想而知面對外向人士的社交場合就更令內向人精疲力盡了。

2. 內部處理：多核中央處理器

高敏感人士能對接收的龐大資訊作深入而多元的思考後，才作出行動反應，予人行事謹慎，三思而後行的感覺。但對於隨機應變、速戰速決的人來說，高敏感人士往往顯得反應緩慢和猶豫不決。但正由於深思熟慮，高敏感人士對危機處理的能力往往更強，給人可信賴的安全感。他們常常將他人的需要列入考慮的元素，會替他人着想，具有高度的同理心，而且待人真誠，富責任感。

筆者過往五年在教會當輔導員的時候，同時要帶領一個大約五十人的團契。雖然老師提醒輔導和關顧的分別，但初出茅廬的筆者往往對每一個人的需要都一樣上心，以致令自己疲勞過度。每逢週日晚上回到家，坐在地上不期然的倒下睡着了，即使有多年在建築行業通宵達旦工作的經驗，但這幾年的經歷，那種身心靈被掏空的感覺遠超身體的疲倦。回想當時就像運行太多的處理器，引致高溫而損毀了，除了工作時難以集中精神，情緒容易變得低落，充滿挫敗感和孤單感，有時會變得易怒，甚至向家人發脾氣，傷了他們的心。星期一的例假時，筆者往往只剩下一個軀殼，除了吃飯休息，已經無氣力和心情陪太太和女兒相處。筆者高敏感的性格特質（敏銳和深思）有利於輔導的工作，但也正正因為太上心而令自己出現耗盡（burn out）的危機。希望透過這親身經驗，提醒大家自我關顧（self-care）的重要。

有關內向人士的優勢和限制將於第三章詳述。第四章，筆者會運用心理學的研究成果，透過親身嘗到的經驗（大多是有血有淚的啊！），在不同的處境向讀者展示如何爭奪甚至擴展內向者的空間，達到自我關顧的目標。

參考資料：

· 伊麗絲・桑德著，呂盈璇譯：《高敏感是種天賦》。台北：三采文化，2017。
· 伊麗絲・桑德著，林怡君、蘇凱恩譯：《高敏感是種天賦 2》。台北：三采文化，2018。

Ambivert：內向內有外向？外向內有內向？

還記得容格提到每一個人都座落在外向和內向性格之間的連續光譜（spectrum）之間嗎？有些讀者讀到這裏，可能仍不確定自己是外向者還是內向者，好像兼具兩者特質的你，可能是「內外兼向者」（Ambivert）。

來看看以下 Ambivert 的特質是否跟你吻合：

1. 你不會迴避羣眾的注意力，但這取決於當時所處的環境。但在大多情況下，你會選擇安靜地觀察。

2. 你喜歡人羣，可以在聚會或小組活動中待幾個小時，但突然間你會感到精力消失，心裏只想儘快離開那裏。

3. 你喜歡有意義的談話。像性格外向的人，你喜歡交談，但是你又像性格內向的人討厭閒聊 —— 雖然你可以做到，但你會覺得表現的不是最真誠的自己。

4. 你的社交舒適區（social comfort zone）是有限制的。你通常可以輕鬆地進行社交活動，但有時候要堅持自己的想法會感到困難。

5. 在某些情況下，你會有所保留。與相熟的人相比，你對同事和泛泛之交會展現較保守的一面。

6. 你需要有個夥伴。你實際上很喜歡結識新朋友，但是當你這樣做時，需要有熟悉的朋友在一起。你不會獨自跟陌生人打開話題和介紹自己。

7. 你感到外向和內向的描述都有些適合，但又不太完全適合。在不同的處境，朋友可能對你的外向或內向觀感的意見不一。

8. 你很期待參加社交活動，但有時發現自己最後選擇作觀察者。

9. 你需要一點兒的獨處時間。你了解自己需要，並享受一個人的時間。但是一整晚的獨處生活可能對你來說會有一點過多了，如果是整個週末的獨處更會讓你焦躁不安，感到若有所失。

10. 你通常在講話前先思考。但像許多性格外向的人，你可以以言語表達你的思想。但是，你通常會選擇先等別人說完才回應。

11. 你在人羣中起了「平衡」的作用。如果有人說話，你會安靜聆聽，如果其他人比較安靜，你就會說得較多。

筆者認為在外向和內向的光譜之間游走幅度較大和較有彈性作為描繪 Ambivert 的特質是適合的，而流動趨向則因着不同的因素，例如當事人的生理和心理狀態（例如是否精神奕奕？）和外界環境（例如社交場合是否理想？上司是否關心下屬等）。因着外內向性格的靈活調校，Ambivert 給人印象普遍是有活力、熱心、有主見和動靜皆宜的人。內向者可能會說：「多麼令人羨慕啊！」但 Ambivert 也要留意在不同的處境掌握合宜的回應，否則靈活性會變成不確定性，予人一種不一致、摸不着頭腦和難以預計的觀感，自己也會感到無所適從。

還記得上一節提及高敏感跟內向性格有密切關係嗎？研究顯示高敏感度人士不完全等於是內向者，艾融博士（E. Aron）指出呈現高敏感特質的人士有百分之三十同時擁有社交外向的特質，喜歡與陌生人交流，活躍於羣體生活，有很多朋友。筆者認同某些研究，認為這批社交外向型的高敏感人士很可能是 Ambivert 。

另外，上文〈內向的不同型態〉中曾介紹內向者的四個型態，如果跟 Ambivert 的特徵對照一下，除了 Ambivert 會在人羣和社交場合中表現得較為自在，如果可以選擇的話，他們都會喜愛有適量的獨處時間以回復精力（容格對內向性格的定義），以及偏向對表達自己的想法和採取行動有所保留。換句話說，Ambivert 在骨子裏其實擁有較多內向特質，但在個人狀態許可（有充沛精力）以及環境需要（其他人都較安靜時）的情況下，也可以在社交層面展現其較外向的一面。

接下來的第三和第四章會詳細介紹有關內向者（或高敏感人士）的優勢和限制，以及在不同處境的應對策略。相信對 Ambivert（或社交外向的內向者）也會有所助益，讓他們可以更好地認識自己和辨識形勢，並運用其外內向兼備的優勢以取得相得益彰的表現。

參考資料：

- https://introvertdear.com/ambivert-meaning-definition/
- https://hokkfabrica.com/are-you-an-ambivert/
- https://introvertdear.com/ambivert-meaning-definition/
- https://www.scienceofpeople.com/ambivert/

三

內向者的優勢和限制

優勢：好好的發揮

筆者頗欣賞洛肯（S. Lohken）詳盡地列出內向者的十大優勢和十大限制。筆者表列扼要的內容，讀者有興趣可參看她的作品《內向者的優勢》一書。

謹慎	**特點：** • 安全至上的行為反應模式（safety-oriented response）。 • 全盤觀察和深思熟慮後才作出反應，三思而後行，予人一種可信賴的印象。 • 對人總是客客氣氣，給人舒服的感覺。 **可能引起的誤解：** • 給人保守、猶豫的感覺。 • 給人有保留、神秘、冷漠，甚至拒人於千里的感覺。 • 極端情況下會發展成恐懼，畏首畏尾，令行動癱瘓。
實在	**特點：** • 持續處理觀察、思考與經驗的事情。 • 思索內容包括分析自己與他人、人生意義和價值、事情的真實性（is）和道德的義務性（ought）。 • 表達內容較有意義、深度和素養。 • 由於真誠的性格，因此有較多真摯和深厚的關係。 **可能引起的誤解：** • 大腦需要較多時間處理資訊以達致具深度的表達，會令人誤解為反應遲鈍。 • 在衝突和討價還價的環境之中處於劣勢。
專注	**特點：** • 能長時間全神貫注於某事情或人物。 • 在社交上予人一種尊重、認真看待對方的感覺。 • 與其他兩項優勢配搭：實在和傾聽能營造一個美好的交談機會。

傾聽	**特點：** • 傾聽能力高於平均水準。 • 除了聆聽，內向者更會透過觀察，全面吸收和理解對方表達的資訊，用作接續的回應，以便進行更深刻的討論。 • 在接收對方陳述的同時會作過濾，整理出對方最關注的是什麼？當中有什麼關連？ • 主動聆聽（active listening）：接收和整理大量資訊後再回饋。 • 建立關係，緩和衝突和紛爭的氣氛。
平靜	**特點：** • 特別指內在平靜：比較認識自己、他人和生命。 • 予人明晰，「心水清」的印象。 • 能辨別事情的輕重優次緩急，以致能更專注，集中精力以取得成功。 • 令人放鬆，適當運用慢一點的談話速度，作合適的停頓，保留片刻安靜作共同思考的空間，在輕鬆的環境下創造有深度的交流。 • 外在平靜：排除刺激，讓內向者有叉電的空間，回復內心的平靜。 • 聲音貧乏：產生聽覺壓力與身體壓力，增加中風／心肌梗塞風險（《芬蘭青年心血管風險研究》〔Cardiovascular Risk in Young Finns Study〕：對聽音敏感人士平均壽命較短。） • 在會談中保留適當的靜默，作有力的溝通修辭工具。

分析能力	**特點：** • 與外界保持更多距離，加上專注和穩定的特性，能不斷對資訊進行過濾和整理，能思考得更久更深更細膩。 • 可再分為左右腦分析。 **右腦：** • 善於把個別資訊連結成一個大圖畫。 • 富想像力，相信直覺，善於觀察身體語言，會以情緒感覺作決定。 • 對空間透視、圖像較敏銳，較有藝術天分。 • 以全貌方式處理資訊，可同步處理不同的要求。 **左腦：** • 善於處理個別資訊。 • 特別擅長文字、數理和邏輯分析。 • 以線性方式處理資訊，井然有序。 • 同時處理不同要求時會感到不堪負荷。 • 較接近內向者的原型。 • 在眾說紛紜中能跟對抗情緒保持距離，冷靜以理據分析，讓羣眾歸回理性討論的軌道。
獨立	**特點：** • 較能輕鬆自在的獨處，較自主和自由的生活形態。 • 較容易做自己認為重要的決定，不被他人的意見左右。 • 加上實在（做重要而有意義的事）和為人着想的能力兩項優勢，能發展成大公無私的偉大人格。

穩定	**特點：** • 堅持不懈，針對達成目標的能耐，不輕言放棄，往往會成為某方面的專家。 • 具愚公移山的耐性，在堅持目標的同時容許其他可商議的空間，令艱難的談判交涉能繼續進行，最終達致協議。 • 如果未能在穩定之下加上靈活性，有機會變得僵化、固執。
書寫	**特點：** • 喜歡寫日記，透過文字整理，表達想法和感受。 • 喜以電郵、電子通訊等與他人溝通，可以按自己的步伐作仔細思考後才表達，同時可跟別人保持舒適的距離。 • 要按實際情況採用，否則變成逃避互動的傾向。
為人着想的能力	**特點：** • 較能從對方的角度想事情，了解對方的真正需要。心理學稱為同理心（empathy）。尤其高敏感的右腦內向者更具備這能力。 • 加上實在和傾聽的特質，會是難能可貴的益友或伴侶。 • 加上擅長分析的能耐，在談判當中大有優勢。 • 要留意同理心會因恐懼和過度刺激而減損。

你擁有以上哪些優勢呢？可根據以下的練習找找看：

1. 找一個能安靜心神的地方，閉目留意呼吸三分鐘。

2. 回答以下兩條問題：

   回想一個自我感覺良好，因發揮自己長處而感到滿足，被欣賞和稱讚的事件（例如：學業、工作或人際互動），仔細回憶當中的細節，看看你在當中展現了上述哪些特質？

   想起一位令你敬佩的人物（可以是你的父母、師長、名人等）。他 / 她有上述哪些特質令你如此欣賞？

3. 你也可以跟認識你、可信任的朋友聊聊，請他 / 她分享在哪些事件上看到你展現以上的優點。

4. 從以上的事件，歸納出有利於你發揮所長的處境，填寫下表，並嘗試在日常生活多營造這些處境。

優勢項目	事件	有利處境

限制：明白自身需要的指標

恐懼	• 在人際互動中，內向者比外向者更強烈感受到恐懼，甚至令內向者放棄表達對自己非常重要或有意義的觀點，只當一位旁觀者。 • 如果願意有意識地感知恐懼，提醒自己要做的事是何等重要，以致願意冒險一試，慢慢累積成功的經驗，有機會讓敏感的大腦改變(re-wire)，增強大腦的可塑性(plasticity)。
瑣碎	• 容易掉進細節而忘記整體形勢，尤其是偏向左腦的內向者。有些情況是需要的，如核數工作，但在談話或辯論時迷失在瑣碎的事項上，會大大影響整體的談判和理解對方的需求。 • 瑣碎加上完美主義的上司會變成可怕的管理者或控制狂，令下屬感到非常討厭。
過度刺激	• 面對外界太多的資訊或刺激時(例如：環境太嘈吵、別人的干擾、參與大型會議、主持演講或遇上情緒失控的小孩等)都會令內向者的能量被快速消耗，嚴重影響其專注和平靜的狀況。如不及時暫停抽離，內向者會以消極和逃避等方式回應。除了令人誤會為冷漠，心懷不滿、不合作和工作能力低，長期在這消耗的情況下甚至會導致耗盡，身心受到極大的傷害。前文筆者的經歷就是一例，直到情況改善後半年仍在復原當中。

消極	• 與平靜不同，消極包含拒絕的意味，包括拒絕採取主動以尋求改變。例如內向者會頑固地待在不理想的處境裏不肯採取行動。 • 說話語調過快或過慢，聲線輕柔又缺乏重音，傳遞出「我很弱」的訊號，縱使內容如何有見地，也會被人忽視。 • 遭受攻擊時無力反抗，選擇逆來順受，「硬食」。 • 由於需要較長時間思考才發言，令人誤會是沒有意見而被略過（需要爭取時間思考）。 • 在羣體中常因沉默而令控制權落在其他人的手上，失去自主權。
逃避	• 相對消極，逃避較為積極，以不同方式抽身避開不想面對的事情，多數都是令內向者感到疲累的事。例如：內向者會花時間做一些無傷大雅的小事以拖延（procrastinate）找上司商討重要的事情。但適當的逃避能幫助內向者爭取時間回復體力，面對要處理的重要事情。
過於尚智	• 因着內向者專注、實在和善於分析的特質，他們都是優秀的思考者，但太偏重理性會令感性部分被忽視。有研究溝通的心理學家指出，實質內容只佔整體談話的百分之二十，其餘是由情感以及彼此關係有關訊息所構成。因此，在談判桌、開會以至茶水間閒聊，情感的重要性不容忽視。

自我否定	・內向者傾向抑壓自身的需要和特質，特別在以外向人為主的羣體裏。如筆者之前分享，自我否定的內向者會懷疑自己，感到自己在羣體中什麼都不對勁而避免跟他人接觸；又或是勉強自己變得外向，但效果往往不理想，又感到非常疲累，更感到跟真我和真正的內向需要愈走愈遠。
僵化	・能有常規作依據，有助內向者不用過分思考而作出判斷，以節省內在能量消耗，是內向者的生存伎倆，但內向者穩定的特質如果沒有靈活性就會變得頑固和死板。例如他們會對不熟悉的工作環境或變動感到難受及難以適應；在會議中商討時會因太過堅持己見而未能理解對方觀點和需要，以致難以達成協議，甚至被居心不良的對手操控。
避免接觸	・內向者會儘量避免不必要的人際接觸以節省能量，例如只有表面接觸的泛泛之交，或避開時常愛挑戰和引起衝突的人士。嚴重的情況會變得孤僻，喪失跟別人溝通和合作的機會，令自己陷入孤立的局面。
畏懼衝突	・相對外向者透過爭辯爭取權益和理清事情，內向者認為衝突的代價太大，想盡辦法避過衝突，也會因發生衝突而感到極大的困擾。

你有以上哪幾方面的限制呢？可根據以下的練習找找看：

1. 找一個能安靜心神的地方，閉目留意呼吸三分鐘。

2. 回答以下問題：

   你在哪些場景（例如：學業、工作或人際互動）感到很大的障礙或挫折？仔細回憶當中的細節，看看你有什麼需要？

3. 你也可以跟可信任的朋友聊聊，請他／她分享在哪些事件上看到你的困境和需要。

4. 從以上的事件，歸納出有關限制、困難處境和相關的需要，填寫下表。

限制項目	困難處境	需要

還記得上一篇有關你的優勢項目嗎？把上一篇的反省習作跟以上結果對照，可能會留意到優勢與限制之間的關聯性。例如：專注與瑣碎、獨立與逃避和避免接觸、平靜與消極和謹慎與恐懼等。

內向者的高敏感特質令內向者在外向型社會受到太多刺激以致引伸出不同的省電模式（例：消極、逃避、避免接觸和畏懼衝突等），但當這些策略使用過多，或在不適合場景使用就會產生負面效果。正面來看，這些限制都是內向者在外向型社會生存所需要的技能，因此透過本章的內容，內向者可以更明白自身的需要，並努力營造對自己有利的環境。

「無傷大雅」的致命干擾？最重要的小事：自我關顧

回想過去四年當輔導員的經驗，筆者都能發揮到內向者的寶貴特質，尤其是專注和平靜。前者讓筆者能集中注意力聆聽受助者的心聲以至弦外之音，深入了解受助者的內心世界，對受助者的心靈狀況有更全面的掌握和分析；後者令筆者面對受助者大起大跌的情緒時，仍能保持內心平靜，較有效地承載對方澎湃的情感波濤，穩住對方的情緒。因此一對一的面談是筆者感到較得心應手的工作。

另一方面，筆者也是團契主任導師。團契超過五十名團友，由於時間有限，通常只能跟團友互動閒聊一下（俗稱 social），心底總是覺得做得不夠好而內疚；同時需要開很多沉悶的行政會議，應付瑣碎事務、大大小小的聚會當值，加上不少突發的工作（例如到醫院探望病危的團友親屬），都構成不同程度的干擾。在長期缺乏外在平靜的叉電環境之下，筆者的內在心力長期處於低水平，唯有以抽離和逃避人際接觸的方式面對，結果給予一起合作的同事一種抽離、被動和冷漠的誤解。此外，筆者常常把自身需要放在較低的次序，對自己又較嚴格，雖然這樣的鞭策增強了自己的能耐，但持續否定自身的需要，把各式不滿情緒憋在心裏，構成極大的心理壓力，容易失去耐性、易怒和心神不寧。失去內心平靜令筆者同時失去專注聆聽和沉澱受助者心靈世界的能力，嚴重削弱筆者在輔導方面的表現。

總結上述的個人經驗，大大小小，無處不在的干擾雖然看似無傷大雅，但積沙成塔，影響漸漸地蠶蝕着筆者寶貴的內在優勢。因此以得體和有效的抽離和躲避方式（俗稱四両撥千斤、走位、執生等），都變成內向者非常重要的傍身利器，以保留空間回復力量。這慘痛經歷也提醒筆者自我關顧（self care）的重要性，好好保養高度敏感的自己（縱使其他人如何看輕這些需要），肯定和欣賞自己，才能長遠又稱心地發揮自己的優勢。

下一章筆者繼續帶領大家，透過具體的處境，分享如何在眾多的干擾之中尋覓空間。內向者，準備好這趟空間爭奪戰啊！

四

內向者的空間爭奪戰

六大安靜影響力

美國人力資源專家凱威樂在其著作《用安靜改變世界》提出，內向人士具備六大內在力量，足以對世界造成巨大的影響和轉變，分別為以下六項：

1. 保有安靜的時間

如前文所述，安靜獨處的時間讓內向者有充電的機會，以便重回外向者的世界。除此之外，沉靜狀態讓內向者有空間沉澱、整理、省思和理解接收的資訊，也是內向者創造力激發的時候。安靜除了有靜態的形式（如睡午覺、小歇等），也可以是動態的（如做運動和書寫等）。內向者需要在日常生活中刻意劃出這些空間，即使是短短幾分鐘，也會起很大的幫助。

2. 預作準備

內向者需要準備的空間，為要面對的情況制訂應對計劃。透過詳細的資料搜集、整理和分析，內向者會變成該方面的專家。除此之外，內向者會設想方案，對可能引起的疑問、反對或攻擊不斷作調整和整合。面對大部分的預期反應都有充足妥善的準備，內向者就能自信地向其他人分享，進而影響他人。預作準備跟保有安靜的時間，屬於內向者影響力的基礎核心部分，以致以下四項能進一步發揮其影響力。

3. 凝神傾聽

這種內向者的天生力量很多時都被忽略甚至被批評，但在紛擾的世界，凝神傾聽能營造一個被尊重和被接納的空間，讓對方可以打開心扉盡情表達，拉近雙方的關係，建立信任和情誼。另一方面，聆聽的空間讓內向者能收集到更多對方的資訊，更了解對方，以致能在下一步專注對話，掌握更多有利合作和協商的材料。

4. 專注對話

基於以上的凝神傾聽，內向者在資訊和關係的理想基礎上，以目標為本的對話方式解決問題或化解衝突。如果有空間作準備，效果會更加相得益彰。這力量是內向者採取主動的時候，因對整體環境情況了然於胸，清楚知道自己的立場和可以靈活進退的可能空間，言簡意賅，一針見血地遊刃於談判桌上。

5. 書寫

書寫是內向者另一強大力量。相對即興說話表達，內向者能透過書寫更清楚表達自己的想法。一篇情理兼備的文章，有時比演講更能長久和深遠的影響他人。這項力量在現今科技通訊發達的年代，能將內向者的想法傳到更廣闊的社羣，發揮極大的影響覆蓋度。

6. 謹慎使用社羣媒體

現時網絡上有數不清的平台：Facebook、Youtube、Instagram……廣闊的資訊流通不再是溝通的屏障。近年出現不少網絡紅人（key opinion leader，簡稱KOL）透過在網上各個社交平台定期張貼對特定主題的分析和回應，逐漸累積大量網上讀者的訂閱和關注。在資訊橫流的網絡世界，內向者可利用其富深度的思考和優秀的書寫能力，在網絡建立具個人風格、有獨到看法的內容，當一位安靜但富影響力的內向者。

認識你的影響力

筆者認為凱威樂的六種安靜影響力可以分為兩個層次：個人空間和社交空間。本章將按此分類，透過不同處境和例子，讓內向者在空間爭奪的戰場上建立進可攻，退可守的策略建議。

在開始之先，讀者可花十五分鐘，完成以下有關六種安靜影響力的測驗，為自己定位，讓長處能互相結合成更強大的力量，同時也可以取長補短，建立屬於自己風格，能在人羣中發揮影響力的空間（《用安靜改變世界》，頁 44-45）。

按照選項將代表個別項目的分數加起來，就會獲得六種影響力的得分。

	從不 1分	很少 2分	有時 3分	常常 4分	幾乎總是 5分
1. 我每天都需要一些安靜的時間。	○	○	○	○	○
2. 我能迅速地從令人分心的事物上拉回注意力。	○	○	○	○	○
3. 我能妥善運用安靜時間反思自我並規劃未來。	○	○	○	○	○
4. 為了達成「變得更具影響力」的目標，我有明確的計劃。	○	○	○	○	○
5. 我會為了「變得更具影響力」而做準備。	○	○	○	○	○
6. 我能隨着形勢的改變調整自己的計劃。	○	○	○	○	○
7. 在別人眼中，我是個稱職的傾聽者。	○	○	○	○	○
8. 為了更深入地理解他人，我能將自己融入對方的話語和肢體語言之中。	○	○	○	○	○
9. 我能用關鍵的問題循循善誘，推動他人繼續往前進。	○	○	○	○	○
10. 我把對話當成解決問題的橋樑。	○	○	○	○	○
11. 在對談中，我會分享與對話內容相關的個人資訊。	○	○	○	○	○

	從不	很少	有時	常常	幾乎總是
	1分	2分	3分	4分	5分
12. 不管是面對面或透過電話溝通，我盡可能安排一對一的談話時間。	○	○	○	○	○
13. 需要與他人聯繫時，我會將對方偏好的溝通方式納入考量。	○	○	○	○	○
14. 在需要讓別人理解自己的處境時，我會用寫的。	○	○	○	○	○
15. 書寫時，我會留意文法、拼字或標點符號之類的細節。	○	○	○	○	○
16. 我審慎地選擇真正適合我的社交媒體平台。	○	○	○	○	○
17. 我很積極地在社交媒體上與他人互動，閱讀別人貼文的同時也會貢獻自己的想法。	○	○	○	○	○
18. 我運用社交媒體以開啟或鞏固一段情誼。	○	○	○	○	○

力量	題目			單行總分＝安靜影響商數的各項力量得分
保有安靜時間	1	2	3	
預作準備	4	5	6	
凝神傾聽	7	8	9	
專注對話	10	11	12	
書寫	13	14	15	
謹慎使用社交媒體	16	17	18	

（節選自《用安靜改變世界》，頁 44-49）

12-15 分 **非常出色**	你非常善於運用這力量，嘗試將它應用在不同的處境上，本章將介紹的例子可以給你一點頭緒。同時好好利用這份力量，幫助其他有待改善的力量獲得更好的發揮。
10-11 分 **優良**	你在這力量的展現表現良好，繼續尋找可以發揮影響力的處境！
6-9 分 **尚可**	你需要下點工夫來開發這方面的力量，多留意在什麼處境能讓你可以輕鬆地發揮這力量，也要留意未能好好使用它的障礙和原因。
5 分或以下 **進步空間很大**	你甚少使用這項力量，是時候把它放在發展計劃的優先位置，學習如何好好的善用它。

參考資料：

· 珍妮芙 · 凱威樂著，王秋月譯：《用安靜改變世界》。台北：臉譜，2015。

個人空間

1.佛系狀態：放空的空間

「最近忙什麼？」相信是香港人見面時最常問的問題。無論大人和小孩，工作和學習的時間表永遠被編排得密密麻麻。忙，彷彿就是評價一個人的價值的唯一指標。這個現象對內向者尤其構成很大壓力，因為內向者比外向者需要更多的時間和空間恢復心力，而最有效的方式往往是舒服的躺下來，發發白日夢，什麼也不做，卻往往被人誤解為無所事事、懶散和不思進取的。這種無為的「佛系」狀態對所有現代人，尤其是內向者的身心有非常重要的心理幫助。首先讓我們看看忙碌的起源。

「泰勒化」(Taylorization)

費德力克．泰勒（F. Taylor）於十九世紀在《科學管理原則》（*The principles of scientific management*）一書中提及科學管理（scientific management）的概念，備受崇尚資本主義的企業家的青睞，將勞工的生命與企業的生命結合為一，為了提高生產效率，工作會被分拆成細件，每一位員工專職完成單一的工序，達致以最少的時間（成本）獲得最大利潤的目的。換句話說，在有限的時間裏，我們被擠壓入愈來愈多的工作量，為了不斷提高效能而把人類的能耐推向毀滅性的極限。每星期的加班時間，正逐漸侵佔我們的休息和家庭時間。雖然電子科技的進步，工作效率節節上升，但撫心自問，我們活得快樂嗎？生活質素有提升嗎？

香港作為貧富懸殊數一數二，同時躋身十大最不快樂城市，這種把工作排得「密不透風」的現象，給我們什麼啟示呢？多勞又是否多得（生活質素和幸福感）呢？在生活裏間中放放空是否罪過呢？

從腦神經科學看無所事事

斯密德（A. Smart）在他的著作《閒散的藝術與科學》（*Autopilot: The Art and Science of Doing Nothing*），從腦神經科學的角度看閒散對人類的健康，甚至命運的重要性。其中一個重要的研究發現，當人類處於放空狀態（如發白日夢、遊手好閒或 hea 的時候），大腦的某些部分會活躍並連結起來，科學家稱之為靜息狀態網絡（Resting State Network, RSN）。這發現與傳統認為人類休息時大腦也會休息的學說大相逕庭。斯密德研究發現，除了回應外在輸入（如：上司的工作要求）令大腦有所回應的活動之外，另外一個由內部發動，自發性的大腦活動（即放空或 RSN 的狀態）對人類也有着不可或缺的地位。（參頁 106 附圖）

創造力的展現

大家有聽過很多偉大的發明或概念是在放空的時候出現的嗎？亞里士多德在浸浴時的「啊哈！」時刻（aha moment）為難題找出了完美的解答；牛頓在蘋果樹下休息時見到墜落的蘋果而發現了地心吸力；笛卡兒在早上懶牀時看到天花板飛舞的蒼蠅而想出 X、Y 軸的定位概念等，都跟 RSN 的研究結果不謀而合。斯密德發現大腦唯有在靜息狀態才會啟動聯想（association）的功能，將日常生活所接收到，表面看似不相關的資訊和習得的概念作對比，並嘗試以新穎方式把它們連結起來。這些靈光乍現，忽發奇想的經驗，亦即是創造力的展現，成為了很多偉大發明和新思潮的開始。

反省力的重要

除了創造力的展現，靜息的狀態幫助我們將每天生活所經驗的跟累積的經驗作對比和連結，以致能夠內化（assimilate）成我們生命的一部分。諺語「吾日三省吾身」，對自我的反省，讓我們能夠趨向成熟和穩定的心理狀態，對外界的衝擊能作出更有自主性（autonomy）的回應（或不回應），代替盲動的反應性（reactive）回應。養成每天反省和整理經驗的習慣，也可以減少患上精神和情緒失調的良方。

現在電腦已漸漸取替人類大部分的工作，我們跟電腦還有什麼分別呢？幸好我們還有創造力和自省力，是創造主給我們獨特的恩賜，以致我們仍能履行作世界管家的職分。

內向的你請記着：適當的閒散不等於懶惰！讓我們在密集的時間表中留一點白，發發白日夢和放空一下。放下你的內疚，體會一下沒工作的工作（doing nothing），開展一個創新和自主的空間吧。

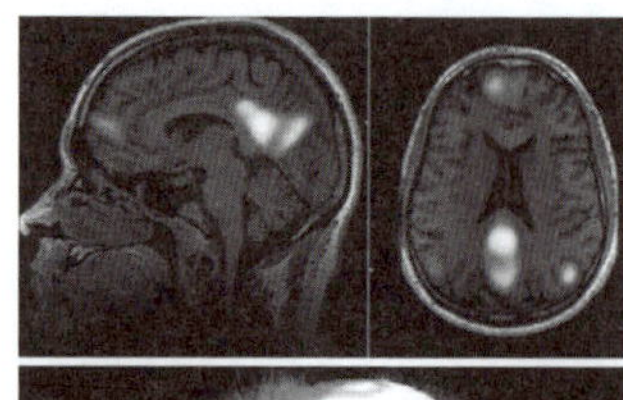

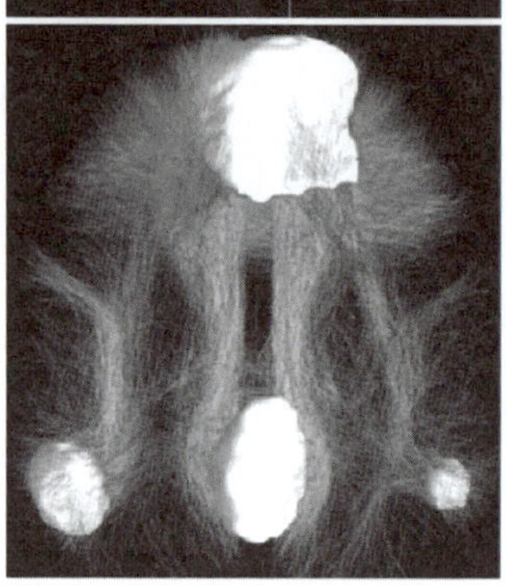

附圖

放空中的大腦：透過功能性磁力共振掃描（fMRI），顯示靜息狀態網絡（RSN）的紅色活躍位置（上）；在 RSN 狀態下大腦相關部分的神經連結。（下圖）

（資料來源：John Graner/Walter Reed National Military Medical Center, Andreas Horn et al./NeuroImage, Abigail G. Garrity/Am. J. Psych.）

參考資料

· 安德魯・斯密德著，陳筱宛譯：《閒散的藝術與科學》。台北：商周出版社，2016。

放下你的內疚，體會一下沒工作的工作，

開展一個創新和自主的空間吧。

2.尋找你的洞穴：你的「神聖」空間

筆者之前的辦公地方是一個獨立房間，相信令很多打工仔或沒有私人書房的人士羨慕吧！可是房門有一長條形玻璃窗令筆者感到十分煩惱。附近的同事們經過，會隨時探頭看看我是否在房間，問問題或找聊天對象。有一次一位性急的同事「乾脆利落」地，邊敲門邊開門，把正在沉思的筆者嚇了一跳，除了受驚，也因為對方粗野的侵犯私人空間而有一點憤怒。敏感的內向者有同感嗎？在家或在工作場所尋找一個單單屬於自己的私人洞穴是否你的夢想？

研究內向性格的專家凱恩（S. Cain）與專研私隱與空間關係的團隊 Steelcase 合作，打造了一系列不同設計和面積的空間給內向者租用。以下是其中一款名叫工作室（Studio）的空間介紹：

「這個安靜的空間讓用家可以按個人喜好從事活動或伸展運動，暫時逃離紛擾，恢復活力。伸展運動可以使大腦有更大的血液流動，保持思想新鮮和滿有創意。用戶可按自己的心情，工作需要和喜好調校室內的設備，包括照明、音樂種類和音量等，輕易營造不同的平和氣氛。Hosu 座椅讓用戶可以以輕鬆隨意的姿勢休息。房間也有充足的地板空間讓用戶做伸展和冥想等活動。」

理想洞穴的四個特性

設計團隊認為一個理想的洞穴需要具備以下四個元素：

1. 允許獨處：尊重內向者獨處的需要，讓內向者可免於高度刺激的工作場所的干擾，擁有專注工作和發揮創意的自由；

2. 對環境的操控感：可隨意控制室內所有裝置的權力；

3. 可調校的氣氛：可透過調校室內的照明和音響等系統，控制環境對感官的刺激程度。內向者通常會較喜歡鎮靜心靈和感到親密的氣氛；

4. 心理安全感：可選擇不被看見和看不見別人的地方。

讀者們，你們的洞穴符合以上多少項呢？

筆者在家的「神聖空間」

筆者在家沒有私人房間，但睡房裏有一木書桌。書桌大約一百厘米乘六十厘米，是筆者的「神聖空間」。「神聖」（holy）在《聖經》希伯來文有「分別出來」的意思。相比起家中其他雜亂的地方，除了幾件寶貴的物件放在桌上，桌面時刻保持常空的狀態，太太每次隨手放在桌面的東西都會被我要求拿掉。這空間代表着筆者「神聖不可侵犯」的心靈空間，是每天以開放領受的心態、安靜祈禱和沉思的洞穴。很多美好的創意點子也是在這地方發白日夢時浮現的。

桌上的幾件「神聖物件」：頂層層架放着三件自製的陶瓷擺設，以風乾的植物作點綴；下層有兩部相機：一部超寬片幅的菲林相機，以及一部全黑色、外形經典的數碼旁軸相機（Fujifilm X100s）；還有從阿爾卑斯山脈撿獲的綠色扁形石塊，屬於 serpentine 種類，是當時到瑞士沙士菲（Saas fee）修讀表達藝術治療碩士課程時行山發現的。石塊呈扁圓形，是千萬年前地殼板塊移動，岩漿噴發時被擠壓而成的。豐富的礦物令石塊呈現不同深淺度的綠色，加上表面具有反光物質，是筆者愛不釋手、獨一無二的寶貝。書桌上放了銀色鏡面的座檯燈，配以黃色燈膽，是筆者寫作時喜歡的色溫，也予人溫暖親密的感覺；座檯燈掛着從八鄉農莊書店買來的手工風乾秋葵擺設，除了形態優美，秋葵之間互相碰撞發出清脆的聲音也很療癒；還有一個木製十字架和三本定期更新、正在閱讀的書籍：散文集《房間》、心理治療書籍 *Play & Art in Child Psychotherapy* 和基督信仰有關祈禱的屬靈書籍 *Sacred Breath: Forty Days of Centering Prayer*。一隻無印良品的奶白色高身玻璃水杯（已絕版）；一個三角形底座、天藍色的日本清酒酒樽；一支手工打鑿的黃銅墨水筆和 Lamy 3.0mm 鉛芯繪圖筆。筆者發覺下意識、直覺的選擇反映了自己的心靈渴求：

種類	物品	心靈的渴求
大自然	• Serpentine 石塊 • 手工風乾秋葵	• 記念瑞士留學的美好而寶貴的經歷，以藝術療癒心靈的使命。 • 對自然的欣賞和愛護，渴望與自然合一。
創作	• 相機 • 黃銅墨水筆 • Lamy 3.0mm 鉛芯繪圖筆 • 自製的陶瓷擺設	• 以影像記錄和創作。 • 書寫的興趣，確認文字改變人心的威力。 • 當建築師時的文具，繼續以繪畫表達情感和想法。 • 親手捏塑空間，美觀，可用的物品。
象徵性物品	• 鏡面的座檯燈 • 木製十字架 • 書籍 • 無印良品的奶白色高身玻璃水杯 • 三角形底座、天藍色的日本清酒樽	• 耶穌是人類的真光（〈約翰福音〉1：9）。 • 向拯救和復活的主耶穌禱告。 • 核心思想：藝術、輔導、信仰。 • 人生：在透明和全蔽之間的模糊感（ambiguity）開啟無窮的想像力。 • 單純的美麗：藝術的無用之用（The use of uselessness）；人生在世的終極目的，美善的見證。

藝術心靈導師 C. Paintner 在其著作 *The Artist's Rule: Nurturing your creative soul with monastic wisdom*，指出每一個看重心靈空間的人士都會有一個相應的洞穴，那裏的物質空間代表着洞主的心靈狀況：有空間還是很雜亂？而擺放的物品則是物主的心靈符號（symbol），反映物主的價值觀、人生優次和渴求等。

現在就找一個屬於你自己的洞穴吧。哪怕只是一張椅、一張茶几、牀的一角，就算需要朝行晚拆，也要好好從日常生活為自己分別出一個神聖空間，放上一兩件珍貴的物件（一支蠟燭，一塊石頭也可以），好好守護你珍貴的心靈空間。

參考資料：

- https://www.steelcase.com/research/articles/topics/privacy/quiet-ones/
- C. Paintner（2011）, *The Artist's Rule: Nartuing your creative soul with monastic wisdom*, I.N.: Sorin Books.

每一個看重心靈空間的人士

都會有一個相應的洞穴，

那裏的物質空間代表着洞主的心靈狀況。

3. 大自然給你的禮物

完成早上的工作，筆者會在午飯時間到附近的九龍仔公園散步。筆者最喜愛的地方，是長了五棵大樹，圍成一個近五百平方呎的圓形空間，茂盛的樹葉形成一個天然的覆蓋，倚着樹幹聽着微風吹過，帶來一陣陣沙沙作響的葉子磨擦聲，眼皮感受到從葉子間的空隙滲透下來的陽光，是溫暖的粉紅色。樹皮和葉子的紋路、觸感和氣味，令內向的筆者放鬆下來，讓大自然的呵護滋養疲乏的身體。筆者喜歡在此沉思和祈禱，心靈得着平靜和喜樂。

相信內向者都喜愛大自然帶來的寧靜，是逃離忙碌生活的叉電好地方，但在石屎森林要接觸到大自然有時是困難的。辦公室的空間尤其惡劣，工作桌附近大多沒有窗戶，就算有，也可能只看到對面的建築物。當完成一個令人疲憊不堪的會議，除了洗手間，內向者還可以有什麼喘息空間呢？筆者曾經在一個沒有窗口的辦公室工作，感到非常侷促，連晝夜都分不清，情緒十分低落。

只要看看大自然的照片……

范德堡（M. van den Berg）在國際期刊《環境研究與公共健康》（*International Journal of Environmental Research and Public Health*）發表一篇有關觀看綠色影像對人體副交感神經（sympathetic nervous system）的影響，研究結果顯示在面對壓力之後觀看綠色大自然照片，比觀看人造環境（如建築物）更能提升副交感神經的運作，加快復原的狀態。在感覺安全的環境之下副交感神經會啟動，令心跳和呼吸減慢，提升消化系統的運作，令人有平靜和放鬆的感覺。除此之外，大腦會進入休息狀態（resting mode），即前文曾提及大腦在放空時會整理和消化學習經驗，因此，有人會把這狀態稱之為休息 - 消化（rest-digest）的狀態。

只要聽聽大自然的聲音……

另外，塞薩斯大學研究員柏盧克博士團隊（Dr. C. Praag）跟多媒體藝術家華爾（M. Ware）合作，在不同地方錄製大自然的聲音並播放給受測試者聆聽。結果發現，聆聽自然聲音會令大腦轉為向外專注的狀態（outward-directed focus of attention），予人放鬆的感覺，同時提升工作表現；而聽人造音樂（artificial sound），大腦會傾向往內專注（inward-directed focus of attention），狀況跟焦慮的狀態相似。

讀完以上研究，雖然我們未必能常常走到戶外，但透過一些裝備，我們都可以得到大自然的滋潤和呵護。以下是筆者試過的方法，跟大家分享：

1. 在辦公桌上栽種如虎皮蘭和吊蘭等綠色小植物，除了供觀賞之外，還能淨化室內污濁空氣。
2. 調校電腦的熒幕保護裝置，設定為大自然的照片。

3. 在手機或智能手錶安裝定時提示程式，每五十分鐘提醒自己起身，上廁所，喝一杯水，或到可以見到大自然綠化的地方（如茶水間或會議室）休息一下。

4. 在應用程式下載網站尋找 nature sound，或安裝播放大自然聲音的程式作為電腦的背景音樂，或以藍牙耳機聆聽。筆者特別推介 Nature Sounds HD 以及 Relax Melodies，前者有不同的大自然場景設定（如森林、河流和下雨等），後者可按個人喜好配搭不同的大自然聲音。

現在就將大自然帶到你活動的室內空間，好好享受這份造物主所賜的美妙禮物吧！

參考資料：

- http://www.alexgozdek.com/how-the-brains-of-introverts-differ-from-the-brains-of-extroverts/
- https://www.ncbi.nlm.nih.gov/pmc/articles/PMC4690962/
- https://www.ncbi.nlm.nih.gov/pubmed/22270487
- https://www.sciencedaily.com/releases/2017/03/170330132354.htm

現在就將大自然帶到你活動的室內空間。

4. 培養攝影師之眼：看得更廣闊的心靈視野空間

自從附有攝影功能的智能手機普及，攝影變成每個人每天生活的一部分。你喜歡拍攝什麼呢？相機先食的美食照？打卡呃 like 的旅行照？放閃的情侶照？抑或是一個人浪漫的流浪照（通常包括機場的登機顯示屏）？筆者自初中開始接觸攝影，從拍攝中學水運會、到參與記錄觀塘裕民坊的攝影藝術展覽，見證着熱切等待沖曬底片，心裏忐忑不安（菲林會因曝光，對焦和其他因素導致照片質素惡劣）的菲林年代，到即拍即見，以熒幕取替取景器的數碼年代，攝影確是陪伴着筆者成長的方式啊。你有想過拍攝除了記錄，也可以作為藝術創作的利器，開拓自己的心靈視野空間？

筆者最近幾年嘗試整合攝影和心理輔導，幫助參加者探索自己的內心世界。你不需要昂貴的攝影器材，最重要的反而是培養一對「攝影眼」，在平凡的（ordinary）生活見到非凡的（extraordinary）、令人意想不到、驚訝的影像。「攝影眼」，或者心眼，是每個人心靈世界的延伸。你的成長經歷、性格、喜好和價值觀等，都影響着你如何看世界。例如拍攝同一張椅子，不同的人會有不同的拍攝角度和構圖，以致產生各有不同、獨特的照片，這反映出每個人內心世界的獨一無二和豐富。如何培養這心靈之眼呢？筆者介紹以下三個心法：

接收的心（Receptivity）

拍攝，我們常會以 take a picture 或 shoot，表達行為的主動性。我們心裏會先有個想法，例如拍什麼主題、如何構圖、調校光暗和色彩等效果才去拍攝。從腦袋出發的拍攝，令我們往往只看到自己想看的東西，因此作品都是意料之內。我們可以嘗試放下頭腦所有預設，暫時以身體的感觀（如：視覺、聽覺和觸覺等）去接收四周環境的訊息，讓景物吸引你的注意，然後接收該影像。用你的身體和直覺去感知世界，會有意想不到的收穫。

開放的心（Openness）

以接收的心拍攝，隨之而來心裏會泛起很多疑問：「都唔知影咗啲咩？很奇怪吧？好核突呀！」好好思想什麼令你這樣反感？也可以嘗試放下一切批判、對錯、美醜和好壞，跟這些影像相處一會兒，甚至刻意做一些你平常不會考慮的選擇。這不單打開看東西的眼界，更會擴闊我們的心境，對不熟悉或不喜歡的事物有更多接納和包容。

好奇的心（Curiosity）

當開放性增加，我們會發現任何日常事物都變得新奇有趣起來。這些平時我們會忽略的東西，原來還有很多觀察的可能性。筆者曾做過一個練習，選擇一件日常物品（例如一支筆或一隻水杯），替它拍攝三十張不同的照片。在限制之下要尋找新的可能性，在沉悶之中找到趣味，往往能激發起我們的創造力，以至在面對困境時，我們會相信：辦法總比困難多。

好好修練「攝影眼」這三個心法，令你的心眼看得更多更廣，讓每天經歷的都是令人讚歎的一天。

令你的心眼看得更多更廣。

5. 瞓個靚覺……好難？

你知道失眠和性格有關的嗎？有專門為不同品牌牀褥作測試報告的網站 Best Mattress Brand 研究發現，內向者比外向者較難一覺瞓天光，發惡夢的機會也較高，因此在日間內向者會較容易疲倦，警覺性和反應都較低。筆者沒有仔細查考研究的可信性，但根據身邊不少內向者分享和筆者自身的經驗，內向者對外界刺激（例如睡房的光暗、溫度和聲音等）和壓力，有較高的敏感度，加上焦慮和抑鬱等情緒影響之下，失眠的確是不少內向者感到煩惱的問題。

失眠是筆者的老朋友。自小在牀上輾轉反側數小時是平常事。雖然身體處於靜態，但當夜闌人靜之時，腦袋卻忙得團團轉，除了回顧當天發生的人和事，也會為明天要做的事籌算和擔憂。筆者曾因工作壓力而患上感冒，肌肉疼痛難當，又擔心過幾天未能乘搭飛機去外國上課……看着時間一分一秒的過去，焦急的心情令自己更難入睡。「瞓個靚覺」，是內向者補充精力的重要方法，以下是一些改善失眠的建議：

1. 失眠，沒有什麼大不了

筆者曾在重要考試前一晚「眼光光」，起初感到十分焦慮，怕精神不振會影響表現，後來發現，原來身體在壓力下仍能暫時順利運作，而事後往往都能重新入睡。因此放開害怕失眠的焦慮，入睡的機會反而會更高。如果超過一小時仍未能入睡，可以嘗試離開睡房，到客廳沙發看看小說（請避免驚慄小說啊），累了再回睡房。筆者試過這方法，有時都挺有效的。

2. 睡前的回顧和前瞻

睡覺前可以安靜十五分鐘，然後把腦海浮現的東西寫下來。內容可以是當天發生而仍感到有些困擾的事；或是對將來要計劃和實踐的事，而伴隨着因未知而產生的擔心。書寫能讓大腦知道這些未了的事情（unfinished business）會得到重視並可稍後處理的，這樣往往能幫助大腦放鬆。有關回顧和前瞻的練習詳情，可參「獨處：與自己的 Zoom 會議」一文（頁140）。

3. 提早向咖啡和電子產品說晚安

有研究指咖啡因的提神功效能維持長達十四小時。無「啡」不歡的內向者，最好中午前要享受完畢啊。另外，睡前一小時要嚴格遵守放下手機和電腦，讓大腦從熒光幕不停閃爍的藍光中分隔開來，好好靜下來準備入睡。

4. 深呼吸 4-2-8

慢而深的呼吸能開啟副交感神經，令身體放鬆，更好地準備進入睡眠狀態。筆者採用了 4-2-8 呼吸法，心裏數着，用四秒吸氣，屏着呼吸兩秒，再用八秒把空氣慢慢呼出來。據說美軍也是用類似的呼吸方法，幫助士兵在惡劣的作戰環境之下快速入睡的。

5. 聽一下「白色嘈音」

根據研究，「白色嘈音」(white noise) 能幫助人入睡。這些類似電視的雪花聲能提供細微而穩定的背景聲音，減低外界一些突而其來的高頻聲音，幫助入睡。冷氣機、風扇和抽濕機都會發出類似的聲音。另外，可在手機安裝能發出白色嘈音的程式。筆者會在牀上用耳機聆聽大自然的海浪和燃燒炭火的背景聲音，感覺有助入睡。詳情可參考〈大自然給你的禮物〉一文。

6. 做運動

運動能幫助消耗體內能量，讓疲倦的身體更易入睡。筆者每晚會做一些簡單的伸展和輕度的運動（例如站立、屈膝），讓身體感覺到些微的心跳和呼吸加速就可以了。謹記不要做太劇烈的運動，大汗淋漓不是睡前的理想狀態啊。

盼望讀者們能從中得到幫助，好好儲足精力應付日常的活動。

參考資料

- https://www.quietrev.com/how-i-conquer-insomnia/
- https://blog.ed.ted.com/2016/08/23/7-healthy-tips-for-a-better-nights-sleep/?utm_source=youtube&utm_medium=social&utm_campaign=insomnia
- https://www.youtube.com/watch?v=j5Sl8LyI7k8&list=PLG2H1t9YBn-h7a8dT3a8NnJxLO6uHgibG&index=81
- https://www.huffingtonpost.co.uk/entry/things-that-can-help-you-get-a-good-nights-sleep_uk_596349a9e4b0615b9e929b2f
- https://www.independent.co.uk/life-style/health-and-families/personality-trait-introvert-extrovert-more-likely-to-sleep-badly-insomnia-dream-quality-a8012546.html

瞓個靚覺，是內向者補充精力的重要方法。

6. 當你跌watt時：急叉策略

在嘈吵的環境，無時無刻出現的干擾，會令內向者感到十分困擾，令人整天未能平靜專注下來。即使捱到夜闌人靜的時候，內心被一整天的事情蹂躪過後的起伏，仍久久未能平伏。繪本《寂靜的聲音》講述男孩祥志在東京鬧市之中，尋找彈古箏的老婆婆所謂最美的聲音 ── 寂靜，而踏上尋索之旅。他到過竹林、浴室、睡房和街道等地方都找不着。直至有一天，他大清早第一個回到空蕩蕩的課室，坐在自己的椅子上，翻開他最喜愛讀的小說，不知不覺忘記了身邊所有的聲響，甚至自己的呼吸聲。他終於領略到婆婆所說，寂靜就是「間」(in-between) 的意思。從此，祥志在不同的嘈雜聲之間找到了那片刻的寂靜，那一種最美麗、寂靜的聲音。

祥志忘我的經驗，心理學稱之為心流 (flow)，即全情投入進行自己喜歡的事情，那種忘掉了四周環境、時間，甚至自己的美好時光。繪本展現的情境很現實，社會就是不會停止轉動，喧鬧也是不能避免，但它用了日文「間」的概念為都市人提供了出路：在喧嘩之間尋獲寂靜是可能的。

內向者受到環境的衝擊，例如開會、電話來訪、跟大夥人聊天等，都會很快耗盡能量。在跌 watt 的時候，內向者會以消極或逃避的方式保存僅有的能量，卻被人誤解為冷漠或情緒化。因此，在未能捱到放工或放學的時候，中段急叉對內向者是非常重要的救命工具。

為內心找個避風港（safe place meditation）

除了上文提及的靜觀呼吸，聆聽大自然音樂之外，筆者為大家提議一個隨時隨地，在沒有任何裝備的情況下也能進行的急叉辦法：為內心找一個避風港。這練習需要運用我們的想像力和感受力。以下簡述幾個步驟：

1. 以呼吸開始

   找一個舒適的位置坐下，雙腳平放地上，閉上雙眼，作慢而長的呼吸。留意身體哪些部分感到繃緊，呼氣的時候把該部分的繃緊同時呼出，讓身體變得更輕鬆和柔軟。

2. 想像一個安全舒服的地方

   想一個令你感到安全和放鬆的地方，可以是你曾經去過的，或是想像出來的，例如海灘、樹林或火爐邊的沙發等。然後，以五感去經驗和感受這地方的環境，愈仔細愈清晰愈好。下一項是筆者以奧地利湖附近的一條小瀑布作例子。

3. 以五感感受環境

   陽光穿透樹葉，格外翠綠。小瀑布被樹林掩蓋，自成一角（視覺）。水流從高處撞擊泥黃色的岩石發出的沙沙聲（聽覺），帶來陣陣微風，吹拂着臉龐，感到十分清涼（觸覺），嗅到清新的氣色，以及附近的青草味（嗅覺）。從清澈的小水池用手勺一點水喝下，冰涼清甜（味覺），之後伏在一塊溫暖而堅硬的大石上，合上眼，感到身體被完全托着（觸覺），完全的放心和放鬆，在這裏待多久也可以。

4. 回到此時此刻

當你感到休息足夠了，慢慢地把注意力回到呼吸當中，讓意識返回此時此刻的座位上。慢慢打開雙眼。

以上是第一次的練習，熟習之後可以按環境需要，隨時隨地造訪。可以在無人的會議室，甚至洗手間，花三至五分鐘造訪一下內心的避風港，補充精力。筆者也曾在晚上沉悶的會議中開着眼進行這趟內心旅程（當然同時要留心會議發展啊！），捱過不少難關。這個以自己主導，透過想像力，以感官連繫的白日夢練習，經研究顯示是有療癒性的，在面對壓力之下能有效回復內心寧靜的狀態。內向者，好好運用這趟滋潤心靈的旅程啊！

為內心找個避風港，可以回想一個你曾經去過的地方，

或是想像出來的地方。

7. 獨處：與自己的 Zoom 會議

2020 年香港和世界其他地區爆發新型冠狀肺炎疫症，筆者留在家工作，每隔兩至三天會到商場和街市買日用品和食材。除了應醫學專家的建議少外出，另一主要原因是口罩短缺。隨之而來市民大眾的恐慌比病毒傳播得更快更廣，漂白水、消毒液、廁紙和白米等都陸續斷貨。筆者曾在超市見到售貨員拆箱的一刻，顧客爭相把一些消毒濕紙巾搶到懷裏，而我也曾因沒有「撲到」廁紙而要找朋友幫忙，甚至有人因搶劫廁紙而被捕……物資供應正常，是人心恐慌而作出不理智的囤積。從心理學看，是缺少了什麼以致有如此的恐慌呢？我們又有否正視自己的心理狀況？

在家工作期間，親友和同事們都不會對 Zoom 這個程式感到陌生，透過網上視像傾談和開會，除了工作需要溝通，也因長期隔離在家令人十分難受。網上見面是人類社羣的需要，但從另一方面，還有一個我們平時很少會談話的對象，也是我們最重要的人，就是我們自己。在長期隔離的日子，我們會否多了時間面對一下自己，跟自己開一個 Zoom 會議？

疫症爆發前一個月，筆者參加了由天主教思維靜院舉辦的禱告工作坊，有很多獨處和安靜時間，其中有一個跟自我會面的練習：意識省察。無論是否有宗教信仰，筆者認為這都是一個自我回顧每天生活的操練。增強對自我意識的覺察是避免盲目衝動，人云亦云的重要心理素質。筆者整理了修改版本，讓讀者參考：

1. 安靜心神

找一個安靜舒適的地方坐下，閉上眼，作幾個深而長的呼吸。讓腦海逐漸浮現當天發生的事情，好像影片重溫一樣，以開放的心接納每一個片段，用一點時間看看、回憶。

2. 感恩回顧

從當天的經驗（如去過的地方、做過的事、見過或接觸過的人等）之中，集中一至兩個片段或場景，運用你的五感重新經歷和品嚐當時的感受，愈逼真愈好。例如：看到什麼景象？聽到什麼聲音？嗅到什麼氣味？嚐到什麼食物？觸摸過什麼物件？另外，留心過程中的情緒（例如：喜樂？輕鬆？興奮？滿足？平安？），找一個最合適的形容詞去描述這感受。

3. 內心對話

花一點時間浸淫在這平安喜悅的經驗之中，看看有什麼地方是值得好好欣賞和肯定自己的，讓自己對內心的微聲更敏銳，更明瞭心靈深處的渴望。心裏可能會浮現一個想望、邀請、催迫、挑戰或問題，是你可以之後思考或有所回應的。

4. 難以感恩的回顧

跟「感恩回顧」形式一樣，但專注在一件令你感到難以釋懷的生活片段，留意當中浮現的情緒感受，例如：煩悶、恐懼、憤怒、懊悔和害羞等。找一個最合適的形容詞去描述當時的感受。

5. 內心對話

跟「內心對話」形式一樣。看看那一段經歷帶來的失望和灰心，嘗試以理解和接納的態度面對，也可以看看這些感覺背後反映了自己什麼想法和價值觀，令自己不由自主。若要脫離這些障礙，你需要什麼的幫助？

6. 前瞻

展望明天，要面對各種人和事，你有什麼感受和渴望？害怕？期待？猶豫？無力？好好跟這些感受相處一下，直到它慢慢飄走。你也可以將這些交託給主耶穌，祈求祂幫助你、陪伴你去面對明天。然後以「主禱文」（〈馬太福音〉6：9-13）作結束。

內向者面對日常生活大小事情的衝擊，感受比外向者更大更深。每天花點時間整理內心的感受和想法，就像好好清理花園令人心煩意亂的雜草，以騰出空間讓內心茁壯地成長，以自主的人生抉擇取代被動的盲動反應。擁有一顆澄明的心，是內向者發揮影響力的重要條件。今天就開始跟自己開 Zoom 會議吧！

每天花點時間整理一下內心的感受和想法，

就像好好清理花園令人心煩意亂的雜草。

8. 抒發情緒的空間

不知大家如何看情緒呢？「鬧情緒」或「情緒化」都予人負面的印象，令不少人覺得情緒是令人失去理智、魯莽衝動的反應；另一邊廂，以理性壓抑情緒的人，表面上看來較穩定和可預計（這也是當事人想達到的目的），但同時會表現得比較冷漠、僵化、鐵石心腸，甚至不近人情。在輔導個案中有壓抑情緒傾向的求助者，大多伴隨身體不同部位的疼痛，也有不知何故突然情緒崩潰的經驗，都顯示壓抑情緒的不理想反應。

情緒（emotion）的意思是 energy in motion，我們可以理解情緒為能量的流動，正面來看，能激發我們以建設的行動作回應，也可以視為內心的窗口，當我們仔細察看當中帶來的訊息，往往能提高自我的覺察和反省，以致趨向更成熟的人格發展。有人將情緒比喻為救生圈。救生圈，幫助人浮上水面，壓抑情緒就像用力把救生圈壓到水底一樣，是長期耗費心力的行為，稍有鬆懈，它就會作出強烈的反彈，把我們和身邊的人嚇了一跳。因此提供一個安全空間讓情緒得到抒發，讓背後的需要被聆聽和理解，是心理健康和個人成長的重要途徑。

內向者對自己的內心世界較敏感，而高敏感的內向者更會在日常的人際互動中泛起很多情感。情緒是複雜的心靈流動，即使感到它的存在，被它影響，運用言語和說話都難以完全把它表達出來。筆者研究心理輔導學發展發現，要讓受助者心靈得抒解，從身體對不同經驗的反應着手比用腦袋（認知、邏輯、語言等）來得更直接和根本。筆者整理了以下情緒抒發空間練習供讀者參考，讀者（以下稱為探索者）可邀請一位你信任，願意聆聽的朋友作同行者，在大約六十分鐘的情緒探索過程中，陪伴你並在適當的時候給你回饋。

1. 準備

兩人各自舒服地坐下，腳板平放地面，保持身體挺直。然後慢慢合上雙眼，緩緩作深而長的呼吸，讓身體感到安穩，對身體的覺察更加靈敏。

2. 探索情緒

請探索者回想一件有深刻感覺的經驗（請不要選擇太沉重或創傷性的事件，除非有受過專業輔導訓練人士在場）。預備一張人形圖，留意身體哪個部分有反應，以開放和尊重的態度仔細觀察，並把這些感受以顏色、線條、形狀和深淺等畫在人形圖相關的位置上。

完成後探索者可向同行者簡單描述那一件有深刻感覺的經驗（不多於三分鐘），同時留意自己當刻的身體反應。同行者只需代入探索者的處境，以同理心聆聽就可以了。

探索者從以下情緒詞彙中挑選三個最能讓身體有反應的形容詞，慢慢逐一讀出，同時確認一下身體感受。每讀一個，同行者就複述該詞語。

麻木	無力	無助	慚愧	被利用
好奇	刻骨銘心	被啟發	憐憫	滿有力量
滿足	被明白	幸福	興奮	溫柔
有希望	被困	鼓舞	被操控	受傷
撕裂	扮無事	退縮	表裏不一	抑壓
分析它	珍惜	討厭	不放棄	疑惑
難以承認	無法忍受	批評	安撫	縱容它
不再信任	報復	心急	謹慎	錯失機會
痛心	不甘	震驚	不捨	懷念
失落	迷惘	空虛	脆弱	沉重
憤怒	灰心	冤枉	驕傲	開心
被愛	被重視	舒服自在	踏實	完整
親切	自由	心甘情願	如釋重負	被看見
坦然	平安	安全	被遺棄	怨恨
不公平	不被信任	被羞辱	被威脅	反抗
被忽視	被出賣	被淹沒	難堪	被逼
妒忌	軟弱	無價值	驚恐	焦慮
擔心	孤單	抑鬱	內疚	不安
絕望	愚蠢	失望	被騙	心碎
難過	悲傷	後悔	成為「出氣袋」	

3. 探索需要

同行者慢慢說：「想起這片段，重讀這三個情緒詞語，再留意人形圖，此刻帶着這些感受的你，內心最需要的是什麼呢？」

探索者可以從以下詞彙選出三個最貼切的需要，在揀選的過程請留意身體的感覺，逐一確認。

自主	朋友	耐性	平安	安靜
個人空間	希望	勇氣	連繫	堅持
身體健康	內在資源	被尊重	誠實	回復真我
想像力	創意	平衡	愛	懂得質疑
參與	責任	有交代	智慧	效率
合理正確	感恩	彈性	可預測	挑戰極限
專業能力	面對挑戰	答案	樂趣和玩耍	清晰
認真小心	留心細節	顧全大局	慶祝	被聆聽
別具一格	被欣賞	謙虛	被接納	有貢獻
處理人際關係的能力		情緒商數	經濟穩定	逃避
完整的家	被明白	記念	懷念	陪伴
哀悼	完美	平等	同情心	踏實
對自己仁慈	寬恕	知識與成長	公義	信心
制度	秩序	歸屬感	動力	親密

平等付出與接受		自由	生存	休息放鬆
權力	和諧	信任	冒險	更新
美善	舒適	刺激	毅力	振作
意義目標	安慰	與人分享生命		被重視
安全	溫柔呵護	滋養	保護	支持
尊嚴	私隱	憐憫	完整	被看見

探索者逐一說出每個需要，每讀一個，同行者都複述。

4. 探索行動

看着眼前三個需要，請探索者問自己：「看着這些需要，我能為自己做什麼，由小步開始，來滿足我眼前的需要？」探索者從以下找出三個心裏最有感覺和反應的行動詞語。

樂善助人	做義工	看見眼前的「人」而非只看問題
善待自己：按摩、美容等		肯定自己的能力
自由表達內心感受		與情緒保持距離
關心身邊人	容許負面感受，同時積極人生	
不對自己 / 他人作出傷害		拒絕委屈自己的事
注意身體：飲食、運動、休息⋯⋯		容讓自己
接納自己的不完美		煞停緊張關係，離開現場

慢下來
安排個人時間和空間
寫日記，作曲等
安排告別會
退修，看屬靈書，祈禱
重訪舊地，緬懷往事
到墳前拜祭或與相中人談話
寫信給懷念的人
問自己：「上天想我從負面經驗中學到什麼？」
安排殯葬禮
捐出器官或遺體
立遺囑和預設醫療指示
約見想見的人
珍惜眼前人
設定和執行作息時間表
善待負面感受
溫柔聆聽心底話
設定目標
對他說聲早晨 / 晚安
說多謝
說對不起
感受和聽到暗地裏的感受
歡迎不同意見
想及未來
約同伴練習生命自覺
進入家門前放下一切煩惱
突破固定模式，尋找更多可能性
接觸大自然
主動示好：請對方飲咖啡
關上門好好哭一場
安排與父母 / 子女相處的時間
容許自己流淚
去自己喜歡去的地方
陪伴對方回鄉探親
肯定對方的能力
約朋友聚會
尊重和認識對方的宗教
容許自己結交新朋友
感謝今天得到的祝福
對自己說早晨 / 晚安
旅行
尋求專業輔導治療
做自己開心的事：看電影，大吃一餐
飼養小動物
參加生命自覺，家庭重塑工作坊
做運動
做小手工
飼養小動物
繪畫
唱歌
自己下廚

探索者逐一說出每個行動，每讀一個，同行者都複述。

5. 整體回顧和分享

重看剛才選取的情緒、需要和行動的詞語，請探索者再留意和確認當刻內裏的感受。願意的話，探索者可以分享練習開始和完成時身體的感受和情緒變化。完結時雙方可以各自分享在過程中自己的感受和發現。

進行練習要注意地方：

1. 人形圖是幫助探索者專注身體反應的參考藍圖，探索者在過程中覺察身體感受時，可隨時在其上加上新的顏色；
2. 同行者的首要工作是陪伴探索者安全探索內心世界，因此同行者要以接納和尊重的心，專注於當刻，並耐心聆聽；
3. 如有激烈情緒浮現，同行者需要保持鎮靜，全心臨在陪伴，在確保環境安全下，讓探索者表達感受，並留心聆聽。之後同行者可簡單複述其分享重點。

花一點時間關顧自己的情緒，聽聽它的心聲，不但能跟它做個朋友，還能加深對自己的覺察和認識，以平靜安穩的心面對前面不同的挑戰。

以上練習取材自天行家人心靈互動協會的課程「闡明暗在」。如欲了解詳情請到以下網頁瀏覽：

- https://www.lifeinhering.org/
- https://www.jctourheart.org（「賽馬會心導遊－情緒 GPS 計劃」：提供有關情緒的簡單資訊和自我測驗，以及不同類型的心理教育課程。）
- https://www.egps.hk/

花一點時間關顧一下自己的情緒，聽聽它的心聲。

9. 靜觀（Mindfulness）：此時此刻的自我空間

內向者比較心思細密，腦袋轉不停，每天的經歷都需要空間反思和整理。筆者每晚入睡前都要一點安靜空間，否則躺在牀上會輾轉反側，難以入睡。以時間的角度看，讀者們有沒有留意心中思念的東西屬於哪個時態呢？我們可能會回憶今早或幾天前發生的事情，看看自己有沒有在待人接物各方面有改進的空間？或者我們會為下週要召開的一個重要會議費煞思量，希望有萬無一失的準備。原來大腦絕大部分時間都花在追憶過去或計劃將來，但我們一天有多少時間是活在當下的呢？《誰搬走我的乳酪？》(*Who Moved My Cheese?*) 作者莊臣 (S. Johnson) 在另一本小書《禮物》，是以禮物的英文 present，與讀者分享一個語帶雙關、具啟發性的意念：好好的活在當下 (present)，享受此時此刻所經驗的，就是上天給你最好的禮物 (present) 了。

心理學也有相似的概念，並稱之為正念或靜觀 (mindfulness)，其實靜觀的概念已有過千年的歷史，在基督教、天主教、佛教和其他宗教都有類似的靈性操練傳統。直至八十年代，卡帕先教授 (Jon Kabat Zinn) 在美國麻省大學醫學院舒緩壓力診所，以佛教的正念應用在醫學上，創立減壓和放鬆課程 (stress reduction and relaxation program)，幫助了不少病人。這些病人都因各種長期痛症而感到痛苦和絕望，在其他專科醫生都束手無策的時候，被轉介到卡帕先教授的診所。透過專注於當下的身體感覺（例如正念呼吸和伸展練習等），大部分病人都得着幫助。超過三十年的科學研究顯示，持之以恆地練習正念，對人體的身心有莫大裨益，除了減低焦慮、抑鬱、失眠、疼痛感和高血壓，更能提升專注力、記憶力、創意、人際關係、心肺功能以及免疫系統。以下簡單以 present 的多重意思解釋靜觀的一些原理：

現在（Present）

培養專注力，覺察此時此刻（here-and-now）自己的身體、情緒或意念。

自在（Present）

以開放、接納和好奇心觀察自己當刻的狀態，不會因為分心而批判自己，或視之為失敗，反而視每次分心為返回專注狀態的覺察。

禮物（Present）

以感恩的心領受自己當下的狀態，視之為造物主賜予寶貴的禮物。

以下與大家分享一個約十分鐘，簡單的靜觀呼吸練習，相信會適合喜愛安靜的內向者，爭取一段專注照顧自己的空間：

1. 準備

首先舒服地坐下，調整好坐姿，令膝部比臀部低，腳板平放地面。背脊離開椅背，脊骨自然支撐身體，保持身體挺直。雙臂自然垂在身體兩旁，雙掌輕輕放在大腿上，這姿勢幫助我們更容易保持清醒。然後合上雙眼，或將視線放在前面下方位置，慢慢將注意力放在身體與物件之間的接觸，例如：身體與座椅的接觸，身體與衣物之間的接觸。覺察大腿的感覺，留心雙腳的感覺，雙手的感覺。

2. 呼吸練習

現在將注意力放在腹部或胸部的位置，留心空氣進出鼻孔時，腹部或胸部的一起一伏。覺察這些變化所帶來身體的感覺。自然地吸入，呼出，不需要刻意控制或改變呼吸，只需讓它自然地一吸一呼就可以了。繼續覺察呼吸帶來的一起一伏。呼吸之間可能會發現分了心，這是很自然的，並不是做錯了或失敗了。當發現分了心，完全不需要批評或責怪自己，只需慢慢地、溫柔地將注意力帶回呼吸當中就可以了。心，會一而再，再而三地走開，無論分心多少次，記住停一停，留意當刻的狀態，再溫柔、穩定地將注意力帶回呼吸之中。

嘗試懷着好奇心，觀察每個呼吸。輕輕提醒自己，靜觀練習旨在培養我們留意當下每一刻：心的狀態、心的活動。當鐘聲響起，便可以在合適的時候，慢慢張開雙眼，並感謝自己用了十分鐘好好照顧自己。

靜觀呼吸練習需要持之以恆，果效不會很快很明顯的。這幾年筆者每天早上和睡前都會花十五分鐘作靜觀練習，漸漸發覺情緒會變得平靜安穩，白天工作頭腦會較清晰，晚上也會較易入睡，最重要的是感到內心空間的擴展，對每天接見受情緒困擾的受助者有更大的承載力。相信學習靜觀也是內向者回復力量的好方法。初期練習時可以十分鐘時限，逐漸增加至二十分鐘。除了呼吸練習，靜觀的態度還可以擴展到其他生活範疇，例如專注飲食、散步和伸展運動等。

如讀者們有興趣，可以參考以下的靜觀資源網頁：新生精神康復會和中文大學合作的「新生．身心靈」服務：https://newlife330.hk/。網站提供循序漸進的，以聲音導航的靜觀練習體驗，只需在手機中安裝程式 newlife 330 就可以使用了。筆者每天都會使用此程式，感覺良好，誠意推薦。

以感恩的心領受當下自己的狀態，

視之為造物主賜予寶貴的禮物。

10. 不完美，也許更好：自我寬容空間

《不完美》

作曲 / 作詞：岑寧兒

我還記得
夢還是夢的時候
沒有什麼重量
任野的心
飛得愈高愈好
世界很大　那時候

我還記得
未來是個遙遠的星球
飄在夜的空中
隱隱約約
它自成了一角
不用很好　就很好

也許　我不完美
也不曾完美
該怎麼去補償
我的平凡
再也懶得偽裝

因為　我不完美
也不會完美
伸手不及的
愛　恨　高　低
我在原地 一直追

完美主義，包裹着平凡的內心

岑寧兒這首歌相信會引起很多內向和敏感人士的共鳴。內向者大多都被自我懷疑所困擾，跟外向型的社會格格不入。但內向者很多都有很強烈的上進心，努力在不同方面做得完美，無懈可擊。在神學院畢業典禮獲得優異成績獎（GPA 達 3.4 以上）的時候，「終於讓你們看看我的厲害吧！」那種吐氣揚眉的得意心情，相信都是很多內向者所嚮往的。

有同學問筆者是不是完美主義者，筆者的回應是：「真正的完美主義者是不會稱自己是完美主義者。」這句話除了有點囂張，更明顯的是一份無奈和悲傷。要求自己完美往往伴隨着內心一把兇狠不留情，自我批評的聲音，像一個審判官，時刻指出需要改善的地方。正面來看，這是自我改進的動力，但要每件事都表現完美，這是不可能完成的任務（筆者竟曾相信自己是可以做到的），挫敗感和不容有失的龐大壓力如影隨形。最重要的是，即使戴上完美主義的面具，內心那一份自卑和不安感仍在，「無論我如何努力出頭，我都只是一個平凡人。」這個沉重的宿命感，幾乎把筆者壓碎。

自我寬容：接受自己平凡而變得不凡

與其不斷否定自己作為改善自己的方式，筆者慢慢找到另一條出路：放自己一馬，對自己寬容、體恤多一點，接受自己的不完美也許更好啊！

Kristin D. Neff 教授是研究自我憐恤（self-compassion）的專家，筆者綜合了三個 A 與大家分享，盼望給各位內向的完美主義者一點提醒和幫助。

覺察（Awareness）

自我關顧的第一步是覺察自己的狀況和需要。你有過放假休息時感到身體疼痛和格外疲累，甚至病倒的經驗嗎？原來身體在當下每一刻不斷發送訊號，提醒我們現在的狀態，但我們在忙碌之中習慣不去感受它，直至疼痛得厲害的時候，身體已經捱了一段時間。另一方面，忙亂之中我們往往沒有好好整理心中的情緒，尤其是負面的情緒不斷累積，對心理和生理構成莫大的壓力。因此，好好照料自己的身體，找信任的人分擔感受都是需要的。

接納（Acceptance）

面對困難和自己的限制，Neff 教授指出自我仁慈（self-kindness）的重要，以仁慈和理解對待自己，而不是嚴苛的論斷和批判自己（self-judgement）。另外，把自身的不理想經驗視為共同的人類經驗（common humanity）（我現在經歷的還有不少人都曾經歷），而不是割裂和孤立的。

欣賞（Appreciation）

對自己的付出，無論大小，都予以欣賞和肯定，並心懷感恩，回味當中美好的成功經驗，都能為內向者加添力量和盼望。

筆者反省多年的失敗經驗，終於接受有些事是筆者無論如何努力也不會做得理想的。覺察這個事實是痛苦的，接受也是需時的，但放下自己面子的一刻，那一種輕省讓筆者終於能夠尋回真我，在擁抱那個不完美的自己的時候，卻找到完整的自我——一個又實在又自信的自我。

愛人先愛己：真正為他人着想的開始

內向者有一個傾向是太過為他人着想而忽略了自己的需要，不但忽略了照顧自己，有時甚至責備自己做得不夠好，心裏充滿內疚之餘，也否定了自己的需要，認為是自私的表現。雖然得到別人的稱讚可能是出於個人需要，但不是最終極讓自己感到滿足的方法。耶穌的教導：「愛人如己。」（〈馬太福音〉22：39）給筆者一個很大的提醒。經文英文翻譯 Love others as well as you love yourself.（信息本，*The Message*），提到愛別人和愛自己具有同等的重要性。因此愛人先愛己，真正懂得愛護自己的人，才能好好的關心其他人。

就讓我們透過以上的三個 A，一同學習拓展自我寬容的空間，以致營造真正能夠同理他人的空間。

參考資料

- 區祥江（2019）。《把生命的一扇窗留給自己》。香港：亮光文化。
- Neff, K. D.（2003）. Development and validation of a scale to measure self-compassion. *Self and Identity*, 2, 223-250.

真正懂得愛護自己的人才能好好的關心其他人。

11. 內疚，要好好探究

內疚是否你熟悉的感覺？你討厭它，但它偏纏着你，令你感到不自在，甚至筋疲力竭。筆者曾經在一個星期內主講了四個講座，在最後一個講座完成後，勉力地爬上巴士回家，倒坐在客廳地上睡着了，精力和心力耗盡，身體好像被掏空的感覺，至今仍印象深刻。事後深切反省，發現自己不懂得拒絕，或是在日期的選擇上太遷就別人，以致要承受這惡果。這些都跟心理學所講的界線和內疚感有關。

內向者容易受內疚感所困擾，這跟內向者傾向從對方角度着想有關。面對對方懇切的眼神，或是咄咄逼人的邀請，從舉手之勞到勞心勞力的事情，內向者都會招架不住而伸出援手，而內疚感是背後的重要推手。內向者在拒絕對方要求時，容易判斷自己是自私。在自私與無私之間搖擺，跟自己優先（利己）或他人優先（利他）有莫大關係。研究利他力的學者格蘭（A. Grant）在其著作 *Give and Take: A revolutionary approach to sucess* 以利己和利他建構出施予者（giver）和索取者（taker）在人際互動中的位置：

		他人優先程度	
		低	**高**
自己優先程度	**低**	無動於衷型（Apathetic）	捨己施予型（Selfless giver）
	高	自私索取型（Shelfish takers）	愛人如己型（Otherish giver）

受內疚感的影響，內向者很多時都會變成捨己施予型，因着別人的益處而犧牲了自己的權利。格蘭在銷售和行政等職場範疇的研究指出，捨己施予型都是工作表現欠佳、被剝削的一羣。格蘭同時為正猶豫的助人者建議另一條出路，把自己和別人的需要一同放在高優先位置：愛人如己型，此類型是職場上最成功的一羣。試舉一個比喻，當發生船難，還未穿上救生衣就去救人的是屬於捨己型，這種施予者往往為了幫人而身陷險境；愛人如己型的人會先穿妥救生衣才去救人，通常能在困境中全身而退，也會救到更多的人。

總的來說，愛人如己型的施予者，即成功的施予者，同樣為着自己利益定下努力進取的目標（ambitious goal），分別在於他在追隨目標的過程中，以造福他人為自己的專注點。格蘭其中一個有關藥物推銷員的研究，發現表現最佳的推銷員都屬於愛人如己型的施予者。當他們的目標（達到最理想的營業額）與他們的關注點（為顧客找到最合適的藥物）接軌時，雙方都得到最理想的收穫。這種雙贏的局面可以用一句簡單的英語表達：They do well by doing good! 除此之外，愛人如己型的施予者往往有較好保護自己（self care）的方法，少了耗盡的情況，自然可以「長幫長有」。

轉念：想想身邊你所愛的人

內向者，現在是好好善用為他人着想的能力：試想像身邊你所看重的人（包括自己），會因你不好意思爭取自己應得的權利而受到什麼虧損？作為他們的代表，你會站起來為他們爭取利益嗎？盼望這個轉念能令你不再被內疚感左右，做個愛自己的助人者。如對有關內容有興趣，讀者可參考拙作《改寫未來的 9 種生存力》中〈利他力〉的一篇。

愛人如己型的施予者

往往有較好保護自己的方法，

少了耗盡的情況。

12. 從自我否定到自我肯定・Assertiveness 之育成

上文提到內向者對於未能滿足他人的請求會被內疚感困擾。人際心理學研究提出自主而相繫（self-differentiation）的概念。簡單來說，人與人之間有一條無形的界線，劃分什麼是自己的領域，什麼是別人的領域。領域可包括自身需要、權利、責任和價值觀等等，而界線亦可按自己的心意有意識地、靈活地擴大或縮小（例如面對陌生人會把界線拉得較遠，以保護自己的私人空間；面對親密的朋友會容許較近的界線，讓對方更接近自己的私人空間）。較高的自主而相繫程度代表能夠自在地做自己，充分表達自己的想法和感受；同時能尊重對方的想法和感受，跟對方作深入連結，卻不易被對方的反應而左右自己的想法。簡言之，擁有高度自主而相繫程度的人士，清楚和尊重自己和別人的私人領域，建立健康的人際互動關係，成語「不卑不亢」言簡意賅地表達了當中的意思。以下是自主而相繫量表（self-differentiation inventory），有關自我立場和與他人連繫的自我評估：

自我立場（I-Position）

- 即使面對壓力，我也能保持相當的鎮靜。
- 無論發生什麼事，我知道我永不會失去自我。
- 我通常不會為別人而改變自己的行為。
- 當我與人爭執時，我能將事情的想法和對該人的感受分開。
- 為我不能改變的事情感到煩惱是沒有意思的。

- 我相當接受自己。
- 即使我感到別人向我施壓，我也能夠向他們說「不」。

與他人連繫

- 在開始一件重要的工作或任務時，我通常需要別人很多鼓勵。
- 我有需要得到生命中差不多每一個人的認同。
- 我經常同意別人的意見以求取悅他們。
- 當沒有人在身邊協助我做決定時，我常感到不肯定。
- 我的自尊感建立在別人對我的想法。
- 我經常疑惑我給別人的印象。

相信內向者較多在與他人連繫上感到困擾。從界線概念看，內向者比較容易被人侵犯自己的私人界線。在外向為主流的社會，內向者傾向感到自己比人差；加上習慣為他人着想的特質，往往不懂得或不好意思表達自己的需要和想法。前者關乎自我價值（self-esteem），後者則有關內向者對自我的認識（self-knowledge）和自信（assertiveness）。以下是筆者的一些建議，希望能提高內向者的自我立場。

建立界線（Boundary Setting）

內向者可透過善用自己書寫的優勢提高對自己的認識。給自己寫一份「我的界線」清單，包括自己的需要、好惡和價值觀等，並相關的原因。如感到有困難，可嘗試自由書寫（free writing）。方法是花十五分鐘寫下任何浮現腦海的東西，內容可能毫不相干、令人摸不着頭腦。這不經左腦篩選的寫作過程，能讓意識之下的想法得以顯現，而這些正正是內心所看重，影響着我們每一個抉擇，卻是我們未能意識的渴望和信念。完成後，把寫下的東西分類，就能找出心中的渴求（desire），作為訂立界線的基礎。

重拾控制權（Control Regaining）

提高了自我的認識，了解自己心底的渴求後，是時候學習強化對自己的尊重（self respect）。筆者回想過往在職場過於遷就別人，令自己和身邊的親友吃了不少苦頭，亦因為被人牽着鼻子走的被動狀態，連自己也開始看不起自己。當筆者開始選擇表達自己的需要時，心態也漸漸有所改變，原來別人也願意回應我的需要，甚至對我的表達表示欣賞。另一方面，內向者亦要了解別人的要求有時是過了界，把自己應負的責任放了在別人身上的自私行為，堅定拒絕無理的要求，是幫助對方做回一個有責任感的人。即使對方不悅甚至遷怒於你，也不用太介懷，畢竟這是對方成長的責任，而不是你的責任。分清自己和他人的界線，就可以更心平氣和，堅定地容許自己說「不」。

自信的表達（Assertive Expression）

內向者可利用書寫作為整理思緒的利器。要達致雙贏，一方面尊重對方的需要，保持關係，另一方面自信地表達自己的想法，一個清楚又情理兼備的表達是十分重要的。凱威樂的 AEIOU 溝通工具可作參考：

Acknowledge	認知對方的正面意圖
Express	表達你的想法和感受
Identify	明確說明你的提議或反建議
Outline	列出方案對雙方帶來的好處
Understand	確保雙方都理解並確認該方案

舉一個例子，當你要拒絕同事的時間表，可以這樣說：「我明白你想搶先把產品推出市場，為公司爭取最大的市場佔有率而要求我們提交分析數據。我完全同意幫助公司賺取最大的利潤是我們共同的目標。(Acknowledge) 對於需要提前兩星期得到數據的要求，我會表示擔心。由於其他項目的需要，我們的工作量已飽和，同事們每天都要加班，在壓力和疲累之下，會大大增加錯誤的發

生，輕則需要更多補救工夫而構成嚴重的拖延，重則影響公司過往多年可靠的聲譽。(Express) 因此我建議將你所需要的數據分優先次序，讓我們可跟你們有更好的配合，逐步將資料給你。(Identify) 在嘗試提前推出產品、保障同事健康、維持公司的穩健形象三者取得平衡。(Outline) 就讓我們能就這事達成共識，為公司爭取最好的發展。(Understand)」

除了情理兼備的內容，表達的方式，例如肢體的語言、手勢、表情、聲調、音量和眼神等都起了決定性的影響。詳情會在〈討價還價的訓練〉，分享筆者向上司爭取重整工作重點的實踐經驗。

參考資料：

- https://introvertspring.com/3-steps-to-be-an-assertive-introvert/
- https://introvertdear.com/news/5-ways-highly-sensitive-people-can-be-more-assertive/

清楚和尊重自己和別人的私人領域，

建立健康的人際互動關係。

社交空間

1. 噢！電話來了！

遇到同學、朋友、同事或客人來電，你會有什麼反應呢？你會心跳加速，只想對方儘快掛線而不用接聽嗎？你的電話是否長期設定為靜音，聽過對方留言，思前想後，甚至模擬對話一番才決定回電？還是以 WhatsApp 打短訊回覆代替談話？抑或直接找對方面對面傾談？甚至乾脆扮收不到電話？

內向人大多不喜歡以電話溝通，有以下幾個原因：

首先，有關工作的電話大多比較趕急，對方希望儘快得到回應或作出決定，這對內向人別具挑戰。因為內向人需要較長時間對提問作深入分析和經驗比較，直至有較全面的想法才回應。如果遇上心急人士連珠炮式的發問，內向人更是吃不消，甚至因資訊太多而過分緊張，頭腦一片空白。另外，內向人對周遭環境的刺激較敏感，要花較大力氣才能專注在工作上，一般會視來電為一種干擾，每一次通話後要重新凝聚專注力，令他們非常疲累。再者，內向人士喜歡跟人面對面傾談，因為單從語氣和聲調，未能讓他們全面了解對方的想法，透過觀察對方的眉頭眼額和肢體語言，可以讓他們較安心、較準確的回應。

明白了原因，除了增加了諒解，內向人有什麼對應方法呢？以下分享一些：

1. 坦白：請給我一點空間

既然明白了內向人的思考模式，作出重要的決定前，更要坦白告知對方，你需要時間慎重考量才能答覆：

「這是個重要的決定，我要些時間想想，不如明天下午三時我們再通電話，好嗎？」還可以向對方提議再傾談的時間，以表示你對對方的重視。

面對滔滔不絕的提問，可以提出時限：「抱歉，稍後安排了其他工作，我們還有十分鐘。如果不夠時間討論，可以明天下午兩點至兩點三十分這段時間內再傾嗎？」

設定時限和提出擇日再談時，請不要內疚，這是自我關顧的方法，好使你能好好保存精力，作更有效的貢獻。

2. 善用留言信箱和電子通訊工具

在埋頭工作時遇到來電，如果從來電號碼顯示知道是非緊急的，可以待完成手上工作再聽取留言。善用留言信箱，知道了對方的來意，就可以有空間想好預期情況，如何回應，甚至把要點寫在紙上才回電，能增加談話的效率。這是一個訓練對答的好機會，筆者發覺練習多了，反應速度和質素都有所提高（即所謂「執生」能力），現在較有信心作即時對答了。

另外，現時流行的 WhatsApp/WeChat 等都是內向人的好朋友，好好善用能避免不少被干擾，減省了需要即時回覆的壓力。

3. 選擇見個面

如果跟對方談得投契，合作得愉快，可考慮相約午餐，除了增進友誼，也能從對方的肢體動作、面部表情等非言語部分更了解對方，令之後的合作能更有默契（有心理學研究指出，言外之意，或是更深層的訊息，有七成是從其非言語部分獲得的）。

盼望以上分享能令外向的你多一份諒解，也讓內向的你能勇敢找到一點空間，讓工作更有效率，做得更完滿。

設定時限和提出擇日再談時，請不要內疚。

2. 開會怕怕（一）——會議前準備工夫

問過不少內向朋友，在職場最不自在的處境是什麼，他們都異口同聲說：最怕開會。除了是會議太多或太冗長之外，內向人士面對最大的挑戰，往往是要在眾人面前表達自己的想法。筆者也經歷過開會被問及意見時，頭腦一片空白，或在想發表時詞不達意，令同事、上司們報以困惑的眼神，有時還會遇到表達後，自己怦怦的心跳和面紅耳熱的尷尬情況。

筆者嘗試將問題分作兩部分。第一是「想講，但唔知點講」；第二是「無嘢想講，可以點回應？」今天我們集中談第一個情況。在討論前我們先認識內向人士處理資訊時的腦部運作。開會往往涉及大量新資料的交流，這個頻繁的社交形式本已令內向人士疲於奔命（相反外向人士則愈談愈起勁）。除此之外，內向人士多以網狀的思維模式，即是將新資料進行分類和整理，然後跟過往不同的經驗作比對和連結，並加入自己的觀點和感覺……可想而知是需要較多時間處理和耗費大量心力的，而外向人則較多採用線性思考，回應較即興和直接。筆者認為兩者無分好壞，只是情況有別，就像下棋和打乒乓球的分別。無奈香港商業社會如此急促，要深思熟慮的棋手打乒乓球表現一定強差人意。

那麼內向人士開會有什麼方法扭轉劣勢呢？以下是一些建議：

1. **開會前養精蓄銳**

由於開會耗費內向人士大量精力，會議前要爭取時間休息；早五至十分鐘到達會議室，作幾個深呼吸和閉目安靜，讓身體可以放鬆，準備進入開會狀態；找近門口的位置坐，在會議中有需要時去外面稍作休息。更重要的是預習開會內容，如果時間許可，想像一下會議當中可能出現的場景，屆時就能更快回應。

2. **做筆記**

把聽到的資料以關鍵字記下，以直線把相關的資料和想到的點子連繫起來。一來可以集中精神，把資料以視覺方式作整理和連結，二來發表意見時能作參考，以免離題。

3. **簡潔的回覆**

整理好的觀點要好好的表達出來。把結論放在最開頭，附以簡單貼題的理據作支持，最後重申結論。過程要慢慢講，咬字會較清晰，音量也較易提高；講話時保持笑容，間中以眼神與相關人士交流（不用正視對方眼睛，看對方的額頭就可以了）。練習多了，比較能夠放鬆心情，思路和應對力也大大提高。

準備充足，整理好的觀點也能好好的表達出來。

3. 開會怕怕（二）——會議中的聆聽

人際溝通是雙向的，有講有聽。內向人士本是優異的聆聽者，但如何演繹這個角色，同時又積極參與會議，有所貢獻呢？

積極聆聽（active listening）在輔導、訓練和處理衝突的處境上，都是非常重要的態度。除了聽取對方的說話內容，更要留意對方的非言語表達（non-verbal expression），並作出積極的回應。與大家分享以下要點：

1. 集中注意力（Be attentive）

除了語言回應，非言語的表達也能讓表達的一方感到被關注。保持笑容，眼神的交流、適時的點頭、寫筆記，向表達的一方稍稍傾前身體等，都會讓人感到被聆聽和關注。

2. 提問（Ask questions）

聆聽者可就表達內容作出提問。問題可以是開放式（open-ended）的，或是引導式（probing）的，對方會覺得你對他的分享有興趣而繼續分享。以下是一些例子：

「這位客戶最需要的是什麼？」（What 的問題）

「在這兩個方案當中如何取得平衡？」（How 的問題）

「你可以分享一下作出這個決定的原因嗎？」（Why 的問題）

3. 簡單回應（Simple response）

在對方表達告一段落後，聆聽者可以來個四両撥千斤，把握機會作一些簡單回應，讓對方感到被聆聽和明白，同時為促進溝通帶來貢獻。以下是一些例子：

「對於你的分享我有一點補充……」（補充 / 澄清）

「換句話說，你的意思是……」（以自己的方式演繹對方的表達）

「你剛才的話令人感到十分振奮！」（表達情感，增強連繫感）

「總括來說……」（總結，為加深 / 轉換話題作準備）

聽得好，回應才會好。在現今側重發聲的年代，聆聽更為重要。內向人要善用自己的天賦，作一位積極聆聽者。一點點的回應能讓會議進行得更順利和有效率。當對方能盡情表達，並感到被明白，這份接納和尊重甚至能化解對方原先的防衛和偏見呢！

參考資料：

· https://community.cengage.com/t5/Management-In-the-News-Blog/7-Key-Active-Listening-Skills/ba-p/5236

在現今側重發聲的年代，聆聽更為重要。

4. 開會怕怕（三）：奈何我是轉數慢……

開會時，同事之間的討論，我會深思熟慮，但回應總不及同事快，想到點子時，別人已轉了話題，令我感到好沮喪……

你有以上的經驗嗎？不記得有多少次，當我絞盡腦汁整理好想法，並準備發表時，總有其他同事捷足先登！我唯有緊緊追趕，當下次機會來了，另一位同事卻把主題轉到其他方向。每次令人氣炸的飲恨經歷，除了令人感到萬分沮喪，我更曾經懷疑，既然我已經用盡十二分精神參與討論，但轉數始終比其他人慢，我是否不正常？

上文提到內向者傾向網狀的思考模式，將接收的外來訊息、別人的意見等跟自己過往的經驗作分析、比較和整合，因此需要大量的心力和時間。筆者回想，雖然同事提出的點子跟自己接近，但內向者點子背後往往包含了很豐富的內容，包括：多方面設身處地的考量（不同背景的人士會有何看法？），以及較強的處境對應性（contextualized）（這個點子放在這個處境合適嗎？）。簡而言之，內向者傾向對課題有更深化和全面的思考，而這是考慮「想法能否實行」（feasibility）不可或缺的重要部分。

以下是給內向者的兩個建議：

1. **主動做記錄者**

我建議內向者在會議時可以寫筆記，如情況許可，更可主動擔當撰寫會議紀錄，其他人都會欣賞你的投入和付出。透過文字把不同意見作整理分類，是內向者感覺較自在的思考方式；另外因你忙着做筆記，也減少了被邀請作即時回應的機會。記錄的同時，你也可用另一種顏色的筆寫下你的想法，甚至用上網找一些相關的資料。在適合的時候，看着手上的會議藍圖，你可以就某一些論點作回應或一些補充和分享（例如展示從網上找到相關的數據、圖表等）。如果沒有機會發表，你也可以把整理好的會議紀錄，以及你的想法，一些收集整理好的延伸資料一併電郵給與會者參考。

2. **接受自己的慢**

對自己的慢，抱持接納的態度。尤其在急促的香港，慢能創造一個更為人着想和深入思考的空間。只要用合適自在的方式為羣體作出貢獻，慢慢地大家都會看到內向者那份細心、認真和深度。

內向者，請記着：你的慢是公司寶貴的資產，請好好運用它啊！

對自己的慢，抱持接納的態度。

5. 內向者的惡夢：面對人際衝突時

職場上因意見不合而引起的衝突時有發生。衝突常常涉及高漲的情緒和急速的對應，對於愛好和諧關係，凡事只會慢慢傾的內向者，衝突是最不想遇見的惡夢。以前在建築地盤開會，有一名性情火爆的項目代表時常提高嗓子，粗聲粗氣的向我發難，縱使他的論點是偏頗，有些更是無理的，但當時的我無力招架，除了感到面紅耳赤之外，只剩下一個空白的腦袋。每當事後回想，自己其實有充足理據反駁的時候，更是惱恨自己為何不爭氣，把冤屈都硬吞下去了。

既然衝突在所難免，內向者除了逃跑或屈就，還有其他出路嗎？

1. 從勝負對決到雙贏

衝突往往被視為意見不合的雙方較量的戰場，不是你死便是我亡。想深一層，其實雙方都有各自的需要（例如保障代表公司的權益，或要向上司交代）。我們嘗試放下爭競的態度，以尋找雙贏（win-win）的方案。

2. 拉長戰線

面對暴跳如雷的同事或上司，張瀞仁在《安靜是種超能力》一書，給內向者一個很有參考價值的方法：抽離一下，再回來。除了讓對方在冷靜後回來理性討論之外，內向者也可免受對方傷害性的情緒影響，爭取更多思考時間作適切的回應。以下是應對的例子：

「你提出的問題需要多些資料討論，也牽涉到其他相關人士，不如下午再就有關課題深入討論，你認為如何？」

3. 處理衝突三部曲

有些情況下，拉長戰線的策略未必適用，以下是張溤仁提出的應對三部曲，讓處理衝突時變得更有建設性：

同理聆聽（Empathic listening）

運用內向者較強的聆聽能力，尊重對方的感受，了解其背後的需要，除了令對方感到被安撫而放下防衛，也讓自己有多些空間思考其他的解決方案，為談判作好準備。此外，請記着，同理心不等於同意對方的意見，要清楚而肯定的讓對方知道，你願意開放了解，但不代表完全接納意見。

客觀資料

向對方解釋客觀資料，營造一個共同解決的氣氛，令對方明白當中的困難和限制，雙方都需要作出調整和讓步。

表達需要

除了致力共同尋找出路，也讓對方清楚知道你的需要和犧牲。

以下是耐心聆聽後的回應例子：

「我明白客戶在臨近下班前才要求你提供資料作參考，令你很着急。（同理聆聽）但據過往經驗，處理這些數據需要至少兩小時（客觀資料），而我手上正處理其他急件（表達需要），不如我們明天早半小時回公司一起準備，你意下如何？」（互相調整和讓步的方案）

讓我們好好運用內向者的特質，在意見不合時扮演潤滑劑，開拓衝突中建設性的一面吧！

抽離一下，再回來。

6. 從閒聊到深交（一）：打開話閘子

聽一位朋友分享，最近他度過了一個難熬的晚上。他一位很要好的舊同事結婚，即使完全不認識他的親友，也決定「單飛」赴宴。到達酒店，在等候入席的時候，看見其他親友三五成羣地談天，令他渾身不自在，只好以手機為伴。待坐席後，鄰坐都是同事的大學同學，熱烈地分享過往一起上課的快樂回憶。他心裏盤算是否該嘗試進入他們的圈子，苦思良久也想不到方法。掙扎了一陣子後，他選擇投降，繼續把玩手機，最後在宴席的中途選擇提早離場。

可能以上的情況較獨特，但當面對初相識的朋友，甚至是陌生人，你曾否也感到頭腦一片空白，或滿腦子為尋找合適的開場白而苦惱？Dead air 一般令大家有點尷尬，如果有較健談的人，情況或會自然一點。然而，當你事後回想，或不明白為什麼對你來說，打開話匣子這樣困難，其他人卻是如此自然輕鬆、輕而易舉？

內向者的求生術

讀者大概會認為我的朋友很可能是內向性格的人。性格內向者的溝通模式偏向接收，加上普遍也是細心的觀察者，對新朋友的反應往往都較敏銳，有時甚至因過度敏感而把想說的話題吞回去，怕說錯什麼，得罪別人。

儘管如此，改變還是有可能的。心理學家蘭妮在《內向者求生術》(*In Introvert Advantage: How to Thrive in an*

Extrovert World）一書中提及，要打開話題，其中的先決條件是營造一個輕鬆的氣氛，而內向者往往未能意識到隨便閒談是可以學習的技巧。蘭妮認為，隨便的閒談由四個部分組成：開始、維持、過渡和結束。讓我們先看看首兩個部分：

1. 開始

 這階段可分為兩種情況，第一種是雙方還未展開談話的時候，如對方正一個人站着或坐在一旁；第二種是要進入正在談話的羣體。

 前者可以以身外事物為談話的素材，打開話題，例如會場的環境、當天活動的情況等。以身外的事物作對話的開始，可減低威脅和壓迫感，尤其是面對新相識的朋友。

 - 「這裏的小食很特別，你有試過嗎？」
 - 「今天的講座很多人參加啊！」

 如果聽到一個羣體正在傾談某一話題，可以以微笑和眼神表達你對話題的興趣，站在羣體身邊留心聆聽，也讓他們看見你的加入。如有合適的情況，你可承接剛才的主題，提出一些開放式、中立的問題，有助邀請其他人與你交談。

- 「你剛才提及的樂曲是哪位作曲家的作品？」

在聚會中也可以透過一些共同認識的朋友（mutual friend）簡單介紹自己，建立最初步的連繫。

- 「Hi，我叫 Chris，是新郎設計公司的舊同事。」

2. 維持

在建立最初步的聯繫後，可以就有共通點的事或人進深交流，避免對話無疾而終。內容可包括發表一些簡單的評論，或問一些啟發性的問題，讓對方可以發表意見；也可以共同的人際背景為話題再加以發展。

- 「協奏曲尾段很精彩，你覺得如何？」
- 「新郎在舊公司很有拚勁，我們很多時並肩作戰，一起加班。」

在之前的交談中，你們或已發掘了幾個話題。當其中一個話題談到尾聲，若覺得對方仍有興致，可以嘗試轉移話題。在會面前多做一些準備，例如留意近期的新聞話題、大熱電影、新潮玩意等，在這時候就可大派用場。

- 「剛才大提琴曲的最後一段，片尾的歌曲旋律跟我看過的一齣電影的主題曲相似。你有看過嗎？」

在會面前多做一些準備，

例如留意近期的新聞話題。

6. 從閒聊到深交（二）：進深到結束

上文提及在打開話題的初期階段，要注意的地方和建議，至於如何在短短的談話中進深溝通，從身外物過渡到較「埋身」的分享呢？如何好好的結束對話，以增加將來繼續聯絡的機會呢？以下跟大家分享打開話題技巧餘下的兩個部分。

3. 過渡（進深）

承接上一篇探討打開話題的「開始」和「維持」兩部分，如果某一主題談得投契，可再作較深入的發展，方向會指向較個人化的層次。以下是一些例句：

- 「你和新郎也是做設計嗎？」
- 「剛才聽說你曾在維也納進修音樂，可以跟我分享多一點嗎？」

據統計，人們站着聊天時，平均談話時間是二十分鐘。時間差不多的時候，我們該留意對方有否發出結束談話的訊號，如雙方無話可說，有點停滯不舒服的感覺、對方開始四處張望，甚至打呵欠、身體開始後傾，雙手交叉，從正面相向轉為側面向你，或對方腳尖已不再指向你等，這些微小的動作都表示他想離開。

另外，需要注意的是，當你發覺對方喜愛打聽私隱，也該藉此結束對話。

4. 結束

如果是對方先提出結束，內向者不要自責，認為自己說錯話。很多時候是因為對方真的累了，離開是自然的反應。

若你察覺對方有結束對話的信號，不妨結束對話，讓對方離開：

- 「很高興跟你聊天，有機會再見。」
- 「很開心認識你，保持聯絡啊。」

如果你想主動結束談話，可說一些簡單的告別話：

- 「很高興與你聊天，但我看見新人在那邊，要跟他們拍個照。」
- 「我很享受今晚的傾談，但我差不多要回家照顧孩子，有機會再聯絡。」
- 「抱歉，我想拿杯飲品，遲些再傾。」

如果覺得雙方談得投契，可以留下自己的卡片，或交換電話，以再作聯絡。

溝通是一門高深的藝術，除了需要耐心聆聽，也要細心觀察對方的語氣、面部表情和身體語言的微妙變化。以上提供的只是概括的步驟指引，在現實互動中需要隨機應變，累積經驗，令自己表現愈來愈自然。如身邊有相熟的朋友，他們的回饋也是十分有幫助的。盼望大家能輕鬆練習，好好享受認識新朋友的時光。

優秀內向者的四個心法

內向者要學懂怎樣與人好好溝通，第一步先要檢視自己是否走在不健康的發展方向。透過了解外向者和內向者之間的誤解，去除不必要的內疚和羞愧感；其次，接納自己性格的限制並作出適度的改善，雖然內向者不能變成外向者，但可以學習和鍛煉得較為外向，更重要的是努力發展內向者在溝通時所擁有的優勢。

最後，送給各位優秀的內向者四個心法：

Listener：做個耐心的聆聽者，別人會很感激你的。

Eye contact：談話的時候與對方保持眼神接觸，讓對方感到你對他 / 她的在意。

Smile：保持微笑，讓對方感到被接納。

Short response：對方往往不需要長篇累贅的回應，言簡意賅的回應往往令對方獲益良多。

溝通是雙向的，有講也有聽，只是比例不同。內向者安心地在溝通中少說一些，這比勉強自己說很多話更能促進美好的交流。

內向者安心地在溝通中說少一些，

比勉強自己說很多話更能促進美好的交流。

8. 網絡媒介發揮影響力

網絡媒介能讓內向者的想法和影響力走得更遠更廣，影響更多人。薩爾曼．可汗於 2008 年成立網上學習平台可汗學院（Kahn Academy），提供過千段教育短片，幫助有經濟困難的人士獲得優質的知識裝備，至今已有超過二億人次使用這學習網頁。可汗學院更與不同的大型機構合作，包括太空總署，讓人對天文學有更多的認識。這個龐大的學習平台源於可汗用 YouTube 教表妹數學開始，這個單純幫助人的行動，想不到演變成國際化的教育平台，改變現有的教育方式。作為內向者的你，有想過善用網上媒介作發揮影響力的平台嗎？以下是一些建議和筆者最近的實踐經驗，給大家參考：

1. 設定目標

首先要設定你的目標，選擇感興趣的事情，例如：鼓舞他人關心政治民生的時事部落格？經營人際網絡，提升個人曝光率的網站？抑或建立教學平台？分享自己的嗜好和興趣？之後設定你心目中的目標羣體，你的同學？相同職業的人脈連繫？有共同愛好和熱忱的人士？有了方向就能展開網絡旅程了。

2. 最強的 KOL：由分享開始

根據研究和觀察，大多數的網紅，或關鍵意見領袖的共通點是從分享資訊和心得開始。內向者可善用為他人着想的能力，WIIFM（What's in it for me?）從聽眾的處境和需要選擇和剪裁相關的資訊，會大大增強受眾的共鳴感，持續經營能聚集不少支持者。

3. 定期經營，持續更新

內向者可善用書寫的利器，提供高質量，見解獨到的文章。每篇文章大約在二百五十至五百字之間，可與當時世界發生的事件連結，將自己分享的內容跟時事連繫起來，在搜索流行關鍵字時也較容易被連結，增加曝光率。另外，可將平時所見引發的點子，以點列方式記錄下來，有空時按主題逐一書寫，建立持續更新的習慣。即使每天只花十分鐘，累積起來卻是相當可觀的成就。

4. 集中在能幫助你的網站

謹慎選取合適的社羣媒介，例如個人網頁、部落格（blog）、Facebook、Instagram 或 Twitter 等。前兩項可以有較歸一和詳細的分享，後者則要求更快和簡短的互動，按着自己的需要好好訂立推廣策略。

5. 包容和開放的態度

網絡上的羣體比我們想像中更廣闊，持不同意見和看法的大有人在，有的甚至帶有敵意，這是我們要有心理準備的。正面來看，好好聆聽網上羣體的回應能大大擴闊我們的眼界。對相反意見抱開放和尊重的態度能促進討論和學習，也能避免過於情緒化的反應。

筆者的經驗

最近因肺炎疫情，所有學校停課。學童為了避免受感染而長期留在家中，家長面對孩子在家學習和課餘活動的需要非常煩惱，長時間在同一屋簷下更產生很多相處和情緒問題。有見及此，筆者和幾位同學因應家長和學童的需要，製作了相關的影片「居家防疫小遊戲」，以不同藝術形式培養孩子的專注力和想像力，同時提供親子互動和教養的實用方法。影片在 Facebook 發放後，有超過二千人瀏覽，也有家長因此聯絡我們詢問有關服務。另外筆者也定期撰寫以創意藝術作親子教養的文章，從較另類和新鮮的角度接觸家長和教育人員。有關文章除了在公司網頁刊登，也會轉載於主流教育平台的應用程式，以增加曝光率。我們也會就每天的新聞熱話在 Facebook 作簡單回應，以表達藝術治療的角度，分享我們對藝術、教育、成長和親子關係的看法。

運用網絡媒體發揮影響力是筆者最近才開始嘗試的領域，盼望以上經驗能作拋磚引玉之用，讓擁有豐富內在資源的內向者能在網絡發光發熱。

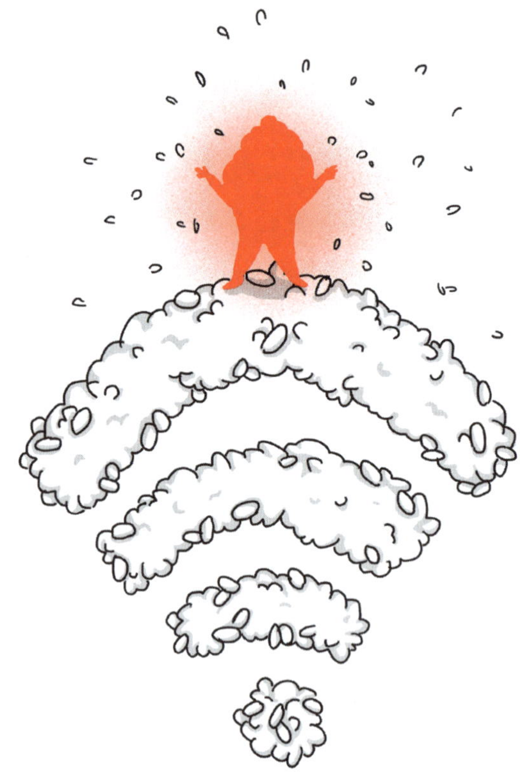

讓擁有豐富內在資源的內向者能在網絡發光發熱。

9. 以書寫擴展影響力

筆者於 2015 年開始參與寫作心理學成長的書籍。當時神學院的輔導老師區祥江博士知道我喜歡文字，又在他另一本書《不想上錯班》看過我的文筆，覺得筆者可以在寫作方面作嘗試，於是邀請筆者撰寫了書中大概三分之一的篇幅。筆者知道在香港做作家是無利可圖的，但純粹出於興趣和一圓從小做作家的志願，所以踏上了寫作之路，而成品就是《改寫未來的 9 種生存力》。這書得到 2015 年香港金閱獎（一個流行書籍的選舉活動），更令筆者鼓舞的，是發現原來文字仍有它強大的影響力。在隨後的書籍分享會，跟讀者們的互動時，發現透過書寫分享知識和個人經歷，影響就好像種子栽種在讀者的心田中，慢慢發芽、滋長。

內心豐富的內向者，你也想過用書寫為你的社羣甚至世界作出正面的影響嗎？亞里士多德給了我們寶貴又適切的建議，讓我們能寫出具說服力，又情理兼備的文字的三個原則：

1. **信譽（Ethos）**

   希臘文 *etho* 意思是性格，作者的信譽是令讀者信服的第一步。文章內容是否言之有物，有獨到的見解同時又能包容不同觀點、資料來源是否準確、面對不同意見甚至批評的聲音時，仍能彼此接納和尊重，以教學相長的態度虛心寫作都是十分重要的。而信譽是需要日積月累建立起來的，因此耐性和專心也是不能缺少的。

2. 邏輯（Logos）

在掌握了準確的資訊後，要以理性分析和批評，並準確的文字表達。文法、用詞、別字、標點符號和修辭等都要留意。坊間有很多教人改善寫作的資源，找一位語文優異的朋友替你校對也是十分重要的。除此之外，想想你會使用什麼平台發表（書籍？專欄？ Facebook ？ Instagram ？ Twitter ？），這會影響你書寫的長度和深度。例如在 Twitter，每一篇分享規限一百四十字之內，就要非常之簡而精，專注一個論述主題撰寫。

3. 情感訴求（Pathos）

一篇有影響力的文章能觸動讀者情感，動之以情是開啟理性反思的第一步。另外，*Pathos* 的另一意思是經歷，即作者的信念和價值觀，需要經過作者的親身體驗才能成為真實和有力的見證，引發讀者的共鳴和想像力，因而作出行動回應。除了成功經驗，一些失敗的經歷和掙扎亦是十分寶貴的材料（這個可是筆者的「強項」啊！哈哈），讓讀者見到一個更真實、有血有肉的作者，甚至能拉近與讀者之間的距離。

4. 讀、寫，以至於講

好好鍛煉書寫能力將是內向者強大而深遠的影響力利器。除了爭取更多寫作的機會，多閱讀能激勵你且具洞見的優質文章，學習當中的用字和技巧都會令你成為更優秀的寫作人。能妥善以文字表達，再進一步是對聽眾直接以言語表達（也是不少內向者的惡夢）的重要準備。有關台上演講的詳情可參考下一篇文章。

內心豐富的內向者，

用書寫為你的社羣甚至世界作出正面的影響。

10. 上台演講

你有過上台演說的經驗嗎？筆者需要向不同羣體主講有關心理學和信仰的講座，起初對這類「拋頭露面」的工作感到恐懼，雖然事前準備充足，但一上台就因太過緊張而頭腦一片空白，彷彿看到台下聽眾都注視我的面紅耳熱和發抖的手。事後，最常收到聽眾的回應是：「可唔可以大聲啲？」過了近五年的演說經驗，筆者靠賴三個元素能改善內向者上台演說的表現：

演說者：自信，做自己！

洛肯在《內向者的優勢》一書中提到，內向者在台上演講時自然真誠地展露個人風格和魅力的重要。她舉出以下一些特質，讓讀者可更了解自己的風格：

輕鬆幽默	樂觀	撼動人心
勵志	嚴肅	務實
客觀	熱情	發人深省
清晰	誠懇	堅定
直率	傾談式	深入淺出
活潑的語調	強有力的聲音	生動的動作
從容的動作		

筆者發現自己有以下特質：

- 謙厚誠懇：

  不以專家自居，對聽眾的批評和疑問抱持歡迎討論的態度，如間中資料有輕微失誤，也會主動道歉和儘快更正。有時筆者也會以幽默方式分享自己的糗事（例如教養女兒的失敗經驗），喜歡以傾談的方式跟台下聽眾互動，彼此分享自身的經驗。除了增加娛樂性，也會予觀眾真誠坦白的印象。筆者相信謙遜和誠懇的態度能拉近與聽眾的距離，也會增加他們對講員的信任，因為跟他們互動的是一個有血有肉，也會犯錯的分享者（但會從失敗中學習）。

- 從容：

  筆者語速和動作較慢，予人放鬆的感覺，在適當時候稍作停頓，讓聽眾有反省的空間，但同時要留意不能太多留白和說得太慢，因筆者都見過因台上太放鬆舒適，台下不少聽眾睡着了呢！麥加菲（B. McAFee）在著作 *Full Voice* 指出，說話的音質對表達的內容有決定性的影響。她以五行元素（金木水火土）把人類聲音分作五類。筆者發現自己緊張時會不期然語音變得太輕太高，因此「土地之聲」（earth voice）和「火燄之聲」（fire voice）是筆者最需要鍛煉的。前者低沉緩慢的聲音能增加講員表達的可靠性，後者熱烈和振奮的聲音能感染和鼓勵聽眾回應和行動。

- 精簡的洞見：

  筆者喜歡從日常平凡事發掘深層的意義，啟發聽眾作多方面的深入思考；同時提醒自己要精簡，將過多的枝節狠心地減省，才能保留如雷射般的集中力（laser focus），讓聽眾能在有限時間內找到重點。

演說內容：簡而清

演講者除了要善用自己的特質，清晰、易明和有結構的內容也是十分重要的。以下是洛肯建議的演講三部曲的格式：

主題（要做到一言以敝之的精準）

1. 開場白：喚起聽眾對主題的興趣（透過新聞和聽眾所關注的需要引入主題）。

2. 主要內容

論點一
（以例子加以闡述）

結論

論點二
（以例子加以闡述）

結論

論點三
（以例子加以闡述）

結論

內向者有傾向收集過多的資訊而稀釋了主題的濃度，在準備過程中這是無可厚非的。但在撰寫講稿或製作投影片時要對引述的事實、範例、細節和故事作嚴謹的取捨，除了有力、直接地幫助傳達主題的資料，其他一律放進附錄。

3. 結束

總結 / 重述最重要的論點

應用（刺激聽眾思考、激勵行動或選擇立場等）

聽眾：配合聽眾的需求

由於台下很大機會有多個不同意見的羣體，預備演講時要留心自己跟聽眾有什麼共同分母（出身背景、學歷、興趣、意見、專業資格等），這會有利於建立關係，而這正是內向者善於替別人設想的特點。另外，他們對你有什麼觀感？為何參加你的演講，如何得悉這講座？如能事先知道，都能幫助對準聽眾的需要。

怯場，可以點做？

最後，內向者可能會問，即使如何充分準備，成為該題目的專家，但上了台卻變成了另一個人，怎麼辦？面對龐大壓力，腎上腺素（Adrenaline）和皮質醇（Cortisol）會增加分泌，令人類進入戰、逃或僵（fight,flight or freeze）的狀態。臉紅或蒼白、呼吸急淺、尿頻、肚痛、肚瀉、嘔心，頭暈和冒汗等，都是正常的生理反應，確是不能單單靠意志去克服。因此，除了事先做足準備、不斷練習，明白演講內容的重要和意義，而有着非向聽眾分享不可的堅定決心之外，也要回到我們最基本的身體。演說期間作深呼吸，尤其是緩慢、深而長的呼氣，能啟動副交感神經，提高腦部的血氧量，令腦部能再次有效運作。另外，片刻的停頓也能為你在一片空白的時候尋找空間，安排供人反思的留白位，而深呼吸後也能令你的聲音更洪亮和更有信心。

筆者為着過去多年有無數演講的機會而心存感謝。試想想有那麼多人願意在百忙之中抽時間聽你講話，甚至願意被你所影響，這是多麼大的榮幸，也是內向者向世界展現的影響力，拓展內向者空間的寶貴機會啊！請不要浪費你內在寶貴的資源，向其他人分享吧！

不要浪費你內在寶貴的資源，跟其他人分享吧。

11. 討價還價的訓練（Bargaining）

內向者沉默寡言，傾向為他人着想，予人「好相與」的印象。但得到好好先生的讚許背後，往往付上沉重的代價：被人得寸進尺地佔便宜。以筆者為例，曾經需要兼顧團契和相關行政工作令輔導工作受到很大影響，並且因轉換了直屬上司，令做輔導的空間愈來愈少。過了幾年，筆者感到極度疲累，失去滿足感和動力，最後鼓起勇氣，踏上這條討價還價，爭取合理空間的路。根據個人經驗，筆者綜合了以下三個原則：

1. 事前準備（Preparation）

訂立清晰明確的目標，如有需要，可細分為短期和長遠目標。階段性的目標能讓你更清楚自己談判的位置而知所進退。筆者的短期目標是要求轉換合適的上司，繼而爭取全職輔導。對於未能一步到位，筆者都有一定的心理預備，唯有看當時的形勢，盡力見招拆招了。

為了彌補說話表達的不足，筆者事前準備了有關過往幾年的工作分配報告，將重要論點（輔導工作受到嚴重影響但卻被上司忽視）、數據和分析（輔導工作時數所佔百分比大減，並有繼續惡化趨勢）等清楚以螢光筆標明，這會令筆者在談判桌上有清晰的脈絡，保持在重點討論範圍之內。除此之外，在會議前有機會跟其中一位上司的上司飯聚，分享筆者的困難和願望，也得到她的認同，令筆者有機會在教會發展會議中發言。因此，事前可以跟支持你的與會人士溝通自己的想法，會有很大助益。即使不美言幾句，至少少了一把反對的聲音。

2. 表達手法 (Presentation)

還記得上一篇有關語調的運用嗎？談判期間特別需要土地之聲，並以稍慢的速度增加說話的權威性；坐姿要挺直而放鬆，保持較慢的呼吸，平心靜氣作回應。眼神交流十分重要，可在適當時候看着對方額頭的位置，也要留意哪一位是會中的關鍵人物，盡力跟他多作眼神交流；感覺與會人士的姿態反應，向那些專心，又對你的論點表達贊同的人士多些交流，爭取支持你的盟友。在那次談判上，對於自己能平心靜氣表達，清晰回應疑問，並主動提出建議和要求，筆者感到非常滿意，原來內向者都能不卑不亢，據理力爭的！

3. 一步一步一起走 (Progressive "We")

雖然會議結果未能一步到位，但能成功轉換直屬上司已是一大勝利。需知筆者的長遠目標是打破教會一些歷史悠久，牢不可破的框架和信念，因此一步一步推進和耐性的等待是不可少的。另外，筆者在會議後期分享了對教會推展全面輔導服務的願景和需要，讓整個討論從「我」的需要提升到「我們」的需要，鼓勵其他與會者能慢慢接納這個新想法。

回想當天的經驗，筆者仍感到前所未有的爽快！盼望讀者們不用好像筆者般累積了多年不滿才開展抗爭之路。能儘早好好保護自己的空間，是內向者要好好鍛煉的生存力啊！

儘早好好保護自己的空間，

是內向者要好好鍛煉的生存力啊。

五

內向者訪問外向者

外向者（一）：詩詩（註冊護士，筆者的姨仔，家中么女）

以上四章，我們從內向者角度了解自己獨特的氣質，以及如何好好保護自己的空間，以至在不同場景擴展人際空間。在雙向的人際互動關係當中，究竟外向者對內向者有什麼觀感呢？本書最後一章，筆者訪問了四位親戚、朋友、同學和同事，了解內向者給予他們的印象。內向者也可試用這些問題，了解別人眼中的自己。最後在結語部分，筆者會作一點總結和回應。

訪問問題：

1. 你認為我內向嗎？為什麼？

2. 跟我相處互動的過程有什麼感覺？印象？疑問？

3. 你會怎樣形容我？

4. 試分享跟我互動時一個深刻的經歷。

5. 試分享一個跟我互動時令你抓狂的經驗。

6. 對我有什麼改善的建議？

7. 內向者如何用其特質影響別人？貢獻社會？

筆：你認為我內向嗎？為什麼？

詩：我不覺得你內向。因為我覺得內向人並不會主動同人傾談，但你會。另外我覺得內向人對人無興趣，即是並不會想進一步了解或關心其他人。但你不是這種人，你只是不會先發聲，會先觀察其他人……可能是一點點內向吧。

不過我想表達的不是內向人是個冷漠的人……內向人應該需要獨處空間去支取力量……（所以）你應該是個內向人，因為你鍾意獨處休息。

但你能享受同人相處……不過如果太多 social 的時間，你會感到疲累。

筆：跟我相處互動的過程有什麼感覺？印象？疑問？

詩：最初覺得可能你是一個好正經的人……但相處過後發現其實你擅長揶揄人，好搞笑。你只說幾句但就可以說到重點，可以取笑到人。

同你相處感覺很舒服，不會感到有壓力。我喜歡說話，然後你會給反應。反而我較怕給人反應，喜歡自說自話……所以對我這類（外向）人來說，我會覺得蠻好的……

疑問就是不知（內向人）整天都不說話，不會好悶嗎？

筆：你會怎樣形容我？

詩：會用一隻貓去形容你。貓會給人一種 cool 的感覺、高竇，但其實貓都頗熱情……貓喜歡獨處，不過又可以同人玩。

筆：試分享跟我互動時一個深刻的經歷。

詩：想不起，只是聽到你揶揄人都好好笑！

筆：試分享一個跟我互動時令你抓狂的經驗。

詩：抓狂……可能有時會期望你說話多一些……

筆：哈哈，謝謝你的回應……我要改過，少嘲笑人……

詩：不需要的，可以帶給人歡樂……可能平時沒期望內向人會帶給人歡樂……或者你可能只愛嘲弄我！

筆：其實是我好放心、熟絡的人我先會……

詩：多謝啦！

筆：對我有什麼改善的建議？

詩：改善……可以再主動一點、熱情一點？不過這會違反本性？

筆：最近讀有關內向人的書，內向人其中一個特徵是三思後行，外向人會一邊說一邊想。但面對認真問題時，我腦海會同時浮現很多想法，要有空間整理好才會講，所以可能幾日後我會打一篇好詳盡的文章表達我的想法:)。

詩：是呀，我剛剛就是這樣，才發現自己說錯了話……

外向者（二）：Fanny（教會同事，傳道人）

筆：你認為我內向嗎？

Fanny：內向。

筆：跟我相處互動的過程有什麼感覺？

Fanny：你很有創意、視野廣闊、邏輯系統強、有幽默感。很思考性的、感性。

筆：你會用什麼來形容我？

Fanny：有深度、柔和謙卑。

筆：試分享跟我互動時一個深刻的經歷。

Fanny：忽然會出現一些搞笑的回應。另外，同你傾談能互相補充前面的異象方向、可發展的機會，討論後令人覺得很豐富、很有 passion。

筆：對我有什麼改善的建議？

Fanny：可以對自己更有信心。多想自己擁有的一切，成為一個自然而有自信的自己。

每天同自己講三聲，我是最好的！我是最獨特的！

筆：可能因見到事情的複雜而比較有保留……那你覺得內向者如何用其特質去影響別人？貢獻社會？

Fanny：內向者通常比較沉實，多思考觀察，所以在團隊中，是一個很好的意見提供者。也能補足主動者的衝動性格；其特質是可以帶動一些深度的思想討論，令人可沉思、冷靜，及多思考事情。

筆：初認識時，對我的印象如何呢？

Fanny：初認識覺得你很「陽光」……這兩三年較沉鬱。所以思考不用太複雜，有些事情都未必會發生。

外向者（三）：Carmen（輔導員，《無朋友》合著作者）

筆：你認為我內向嗎？為什麼？

Carmen：你當然內向，你喜歡觀察、沉思、看書、作詩寫作、文靜、慎言，要深思熟慮過才發言，不會隨意表達。

筆：跟我相處互動的過程中有什麼感覺？印象？疑問？

Carmen：你比較文靜、愛思考，因要深思熟慮的關係，所以回應比較慢，與你相處要比較有耐性，了解你性情的話，會知道你在思考中，否則會疑惑你在想什麼、等什麼。起初認識你時，會感到你的 energy level 比較弱，因你的強項都是靜態的。你回應時，會深度分享，多角度思考，會聽到你的思考脈絡和重視的地方。當你心情輕鬆時，你會比較幽默和自在，亦會發揮創意。

筆：你會怎樣形容我？

Carmen：藝術家，思想家，詩人，好爸爸。

筆：試分享跟我互動時一個深刻的經歷。

Carmen：與你在突破書廊一起主持《無朋友》分享會，我倆一動一靜很有趣，正正分享內向與外向者做朋友的經驗，你斯文淡定地慢慢分享，我卻手舞足蹈，相映成趣。你喜歡分享理論和研究發現，我會較喜歡分享經驗經歷。深刻是即使性情不一樣，也可以因為彼此認識而彼此互補和配合，發揮彼此所長。

筆：試分享一個跟我互動時令你抓狂（好忟）的經驗。

Carmen：因合作不多，所以未令我抓狂。在突破書廊的分享會中，心裏着急地想你講話大聲點和快一點，因為會影響現場氣氛和聽眾的狀態，energy level 會突然下降。

筆：對我有什麼改善的建議？

Carmen：有時候可以放鬆自己，不一定要求自己如智者般表達，可隨心所欲地發言，交流的節奏也相應地會快一點。有時候可以發揮你幽默的一面，你有冷面笑匠的形象，可緩和相處的氣氛。

筆：內向者如何用其特質去影響別人？貢獻社會？

Carmen：內向者觀察力強，有洞悉力，會令人有洞見。內向者的沉默也造就他們可安靜聆聽他人的心聲，不急於給予意見。作為輔導者及寫作者，你把你的發現及洞見寫作出來對大眾很有貢獻啊！我相信研究人員大都是內向者，科學、醫學及其他學術的研究對社會有很大貢獻呢！

內向者（四）：海怪（大學同學，筆者伴郎，建築師）

筆：你認為我內向嗎？為什麼？

海：Chris 是個比較內向的人，說話比較少。當大夥兒的時候，他總是比較沉默，很少是第一個說話的，但當他說話的時候，總是比較到 point，哈哈，一兩句便能說清楚。

筆：跟我相處互動的過程有什麼感覺？印象？疑問？

海：我和 Chris 相處，感覺不錯，基本上沒大問題，有些時間比較多一點耐性，要用些時間與對方混熟，明白他的想法。Chris 有些時候比較慢熱，但熱身後，大家都能夠暢所欲言，表達自己的想法。大致上沒有什麼疑問。

筆：你會用什麼來形容我？

海：豁達開朗，知識淵博，內斂。

筆：試分享跟我互動時一個深刻的經歷。

海：應該是大學畢業後，一起到埃及旅行的那一次。還記得你在金字塔前，被人「騙」了上駱駝遊覽，結果好像是由我替你解圍……他的樣子輕鬆自在，悠然自得，好像沒發生過什麼事情，相信只有 Chris 一樣豁達開朗的人，才能夠這樣……與那着急得要死的我，成了很大對比……

筆：試分享一個跟我互動時令你抓狂（好忟）的經驗。

海：應該有「跟 Chris 互動時令我抓狂（好忟）的經驗」，但我忘記了……

筆：對我有什麼改善的建議？

海：我覺得 Chris 人很好，雖然比較內斂，卻是一個很好的人，有時，那一份沉默可說是十分可愛的。若真的要說，Chris 可以嘗試較主動些。

筆：內向者如何用其特質去影響別人？貢獻社會？

海：今時今日社會發展比較急促，「效益」好像只是唯一量度標準，我相信沉默的人，有他們的特質，亦可以帶給社會另一個角度去思考……金字塔前的事，可以想出多個方法處理……正如社會上，沉默的人亦有他們解決問題的方法，可能只是被「效益」掩蓋了……

結語　我與你：不同，又相同

讀過幾位外向朋友的回應，因着他們的鼓勵，心中充滿感謝之情。特別是以下兩點。第一，外向者欣賞內向者的謙遜和聆聽，第二是內向者有洞見的回應。換個角度來看，原來外向者期待內向者可以相信自己擁有的美好特質，更主動和隨心分享。對於常常對自己不滿，以至覺得需要「修理」自己，為自己帶來很多痛苦的內向者來說，外向者的回應確是一個莫大的安慰。

筆者從過往對自己內向性格的懷疑和不滿，到接納、欣賞，為着自己的特質而驕傲，有時甚至變得孤芳自賞，不屑外向者的一些特質……從自卑到自大，筆者發現自己在這兩極之間搖擺，或更確切的說，自卑和自大都是一個錢幣的兩面 —— 我們都很難接受跟自己不同的人。

哲學家鮑伯（Martin Buber）提出我 —— 你關係（I-THOU relationship）的重要性：從他者的不同，我們才能更認識自己。在神學院的信仰和輔導整合課有幸跟美國福樂神學院 David Augsburger 教授學習。在他的講義當中找到他撰寫的詩 *I AND THOU*。這是他結合超過五十年的信仰反思、學術研究和親身經驗而寫成對自我和人際互動的精品。詩作以鏡映結構寫成，對照着「我與你」的關係。讓筆者跟大家分享。

（A paradigm of loving relationship where WE 1 becomes WE 2
David Augsburger, gathered from Jesus, John, James, Paul, Ireneas, Francis, Gandhi, Buber, Levinas, Kunkel, Perls, Rahner, Kimper, Outka, Leann（David's wife）and all others who keep trying to teach me to love.）

I AND THOU

I am I.
I prize, I value, I love me.
My freedom to fulfill my life,
My destiny, my calling,
my right ‘to be all I can be,’
are infinitely precious to me.

I will be responsible with,
Not responsible to or for you.
I own my experience of me.
The words I speak,
the choices I make,
the emotions I feel,
the actions I take
are mine–and for them
I am fully responsible.

When I become truly I,
Then I respect you as you.
Inside any anger or hurt
that I feel in our relationship,
is my demand that you change
and live as I prescribe.
I cancel my angry demands.
I will not play God in dominance.
I will end any need to control.
You are not in this world
to live up to my expectations,
nor do I exist to live by yours.
We exist to learn to love each other.

So we shall be truly we.
When, being the other in equal regard,
Loving the other in equal regard,
We find each other, It's beautiful;
when we do not, it's sad.
Such finding can only come
When I love you as the you that is you,
And you love me as the me that is me.

You are You.
I equally prize, I value, I love you.
Your freedom to fulfill your life,
Your destiny, your calling,
Your right to ‘to be all you can be,’
Are equally precious to me.

You may be responsible with,
not responsible to or for me.
I respect your expression of you
The words you speak,
the choices you make,
the emotions you feel,
the actions you take
are yours–and for them
I am in no way responsible.

When you are truly you,
Then you can see me as me.
Inside my love for you,
I may have expectations
that you change to meet my wishes
and live by my rules and demands.
I will not play God in re-creating you.
I will have no demands
As conditions for loving you,
Although many demands
as issues for living with you.
On these I will seek solutions
Equally satisfying to us both.

We can, we will, be We.
I will do all I can to find you.
I willingly accept, fully commit
to whatever responsibility is mine
for seeking, finding and loving.
For when we each fully prize the other
As she is, as he is, we meet,
And we are truly We.

珍愛自己：我是我，你是你

成為自己，首先要珍愛自己。欣賞自己的好，接納自己的不好，我們都要承認一個事實：我們都不完美（perfect），但可以完全（whole）。筆者多年來努力改善自己的不足，但有些時候我發現：我就是改變不了。這種絕望感是會把人的意志吞噬的。直至筆者學習接納自己，在安全的環境讓自己的不足曝一曝光，甚至幽自己一默，筆者發現自己的心境竟漸漸打開，以往耿耿於懷的部分慢慢鬆縛以至轉化；更重要的是筆者感到前所未有的釋放，讓真我流露，為真我而活，不用再為自我投射的理想形象：假我而耗盡自己的心思。

我們只需要為自己的生命負責（responsible），他人的生命由他們自己負責。這是另一層面的釋放，我們不用再活在其他人的願望投射或社會期望之下，也不要強迫別人跟隨自己的喜好。

尊重，就能看見

筆者經驗到彼此尊重，是自卑與自大的擺盪之間的出路。尊重別人始於多些從對方的角度看，了解和接納對方的不同。從別人的不同之處，我們會更了解自己，以至更能完整的瞥見人性的多面和豐富，向更完全的人性進發。人性可以比喻為一顆鑽石，折射出像外向和內向者般，千變萬化的顏色和光芒，都是美麗而獨特的。

從「我－你」（I-You）到「我們」（We）

基於真我的呈現及對彼此的不同予以尊重和接納作回應，我與你的不同正一同建構着同一個人性，一個更宏大而完整的人性。換句話說，我們都擁有相同的源頭，是彼此連結的（interconnectedness）。唯有在整個共同人類羣體之下容納所有不同的個體，我們才感到圓滿，是互相關懷，密不可分的大我（self），而非互不理睬，各自表述的個人主義（individualism）。

難以置信的「單單誇自己的軟弱」

在《聖經》中，使徒保羅曾教導信徒要「單單誇自己的軟弱」。在這個弱肉強食的世界中，這是令人匪夷所思的理念。專門研究羞恥感的心理學學者布朗（B. Brown）在Netflix主講心理學講座「召喚勇氣」的開首，向在場過千名的觀眾分享：「你知道我是超級內向者嗎？」作開場白。在外向者主導的西方國家，布朗在台上自信滿滿的表達，是自我接納所帶來心靈空間的釋放，展現莫大的勇氣和胸襟。同時她正以身體力行展現她多年來的研究結果：脆弱（vulnerability）能帶來深厚的人際關係。

親愛的讀者們，除了接納自己，也要相信這世界上還有接納你的人，努力在生命當中尋找他們。他們可能是你的父母、親人、師長、朋友，甚至是歷史人物；以真誠對待他們，即使自身有很多的不足，透過造物主所造的羣體，你會因經歷接納而得着轉化的力量；即或最終面對不能改變的部分，或是拒絕接納你的人，我仍是那一個完整的我，在限制當中仍勉力向自己生命負責的我，在困苦之中仍能微笑着去面對的我 —— 一個值得所有人（包括你自己）尊重的我。

筆者跟讀者們分享基督徒靈修作者麥羅伯士（J. McRoberts）的說話，盼望這成為我們每一位內向者的安慰、提醒和祈求：

May my limitations be doorways
to partnership and relationship,
rather than reasons to feel shame and isolation.